I0156374

s⁰Lʰ^ps
1947

A. FERRET 1977

J. ROUGÉ

LES

COMBATS DE MACON

EN 1814 ET 1815

Extrait des Annales de l'Académie de Mâcon
(3e SÉRIE. — TOME XIX)

MACON
PROTAT FRÈRES, IMPRIMEURS

1918

J. ROUGÉ

LES

COMBATS DE MACON

EN 1814 ET 1815

Extrait des Annales de l'Académie de Mâcon
(3e Série. — Tome XIX)

MACON

PROTAT FRÈRES, IMPRIMEURS

—

1918

Le Capitaine JOSEPH ROUGÉ
du 134e d'Infanterie

(1879-1914)
Membre associé de l'Académie

Tué à l'ennemi le 1er octobre 1914,
dans la forêt d'Apremont (Meuse)

LES COMBATS DE MACON

en 1814 et 1815

SITUATION GÉNÉRALE

ARMÉES ALLIÉES

Le 21 décembre 1813, 250.000 hommes sous les ordres de Schwartzenberg et de Blücher, franchissant, en 15 colonnes, le Rhin, depuis Bâle jusqu'à Coblentz, envahissaient la France.

A la gauche de cette formidable armée, opérait une division légère commandée par le général autrichien de Bubna [1]. Elle devait s'opposer aux mouvements que les troupes françaises du sud pouvaient tenter sur le flanc gauche des armées coalisées.

Pour faire face à la grande armée de la coalition, Napoléon avait rassemblé dans l'Est toutes ses forces.

Au début de janvier, il ne restait donc dans le Sud-Est que 4.000 conscrits, à peine habillés, presque sans instruction militaire, n'ayant jamais vu le feu et disséminés dans les places de cinq ou six départements, de Grenoble à Chalon.

Le 5 janvier 1814, un décret impérial ordonne la création

---

1. Division légère, comte Bubna.

1re Brigade : Général-major Scheither, 2 bataillons, 12 escadrons, 1 batterie.

2e Brigade : Général-major, Zechmeister, 2 bataillons, 6 escadrons, 1 batterie.

Réserve, 1 bataillon, 12 escadrons, 1 batterie.

Soit en tout : 7.000 hommes (*Der Krieg in Deutschland und Franckreich in 1813 und 1814, von Plotho*).

d'une armée dite de Lyon. Outre les quelques unités déjà existant sur ce territoire, elle doit comprendre des contingents
levés dans le Midi, notamment à Toulouse, des troupes venues
de Toulon et surtout des corps d'infanterie et de cavalerie
envoyés d'Espagne par Suchet [1]. Le commandement supérieur
en était donné à Augereau, avec, jusqu'à la fin de la campagne,
mission constante d'inquiéter les flancs et les derrières de
l'ennemi et de couper ses communications.

Mais, l'Augereau de l'armée de Lyon n'est plus celui de
l'armée d'Italie : les ordres impératifs, les objurgations de
Napoléon pas plus que ses supplications ne pourront rien
contre l'apathie, l'indécision et surtout l'incapacité du duc de
Castiglione [2]; l'armée de Lyon ne coopérera pas aux magni-
fiques opérations de la campagne de France.

PREMIÈRES OPÉRATIONS DE BUBNA

Le 29 décembre 1813, Bubna s'était emparé de Genève ; le
4 janvier 1814, le fort de l'Ecluse lui avait livré passage ; le
11, malgré un combat bravement mené la veille par la troupe
et les volontaires de Bourg, il était entré dans cette ville : la
route de Lyon lui était ouverte.

1. Suchet reçut, le 3 janvier, à Figuières, l'ordre de diriger sur Lyon 8 à
10.000 hommes. Il en fit 6 colonnes ; l'infanterie fut transportée sur des voitures de réquisition disposées en relai et fournissant chacune un parcours de
20 à 25 kilom. Chaque colonne franchissait en 24 heures deux et trois
relais, soit en moyenne 60 kilomètres, et en sept jours la distance de 457 kilomètres qui sépare Perpignan de Lyon. — La cavalerie mit dix-sept jours, dont
deux de séjour, soit 27 kilomètres par étape.

2. Clarke à Augereau : 12 février 1814. — Napoléon à Clarke : 14.
19,20 février. — Clarke au préfet Bondy : 23 février. — Napoléon à Augereau :
24 février : « Je vous ordonne de partir 12 heures après la réception de la
présente lettre pour vous mettre en campagne. Si vous êtes toujours
l'Augereau de Castiglione, gardez le commandement; si vos 60 ans pèsent sur
vous, quittez-le et remettez-le au plus ancien de vos officiers généraux. »

Avant de marcher vers le Sud, il était d'une importance primordiale pour Bubna de conserver ses communications avec le gros de son armée qui opérait en Franche-Comté et en Champagne ; il lui fallait par conséquent tenir les trois seuls ponts existant alors sur la Saône de Chalon à Lyon, ceux de Chalon, Tournus et Mâcon, et par où un parti ennemi aurait pu venir attaquer son flanc droit et surtout ses derrières.

IMPORTANCE DU PONT DE MACON

Maître de ces passages, il pouvait de plus inquiéter Lyon, son objectif, par la rive droite de la Saône et, d'autre part, s'opposer au rassemblement des troupes françaises que l'on s'efforçait d'effectuer à la hâte, en réunissant tous les hommes disponibles de Saône-et-Loire.

Pendant les trois premiers mois de 1814, Français et Autrichiens se disputèrent la possession de ces ponts : ceux de Chalon et de Tournus, vaillamment défendus par la population civile, ne tomberont aux mains des alliés que dans les premiers jours de février. Celui de Mâcon, le plus important de tous parce que le plus rapproché de Lyon, sera pris dès le 12 janvier ; l'intervention des Tournusiens forcera les alliés à l'évacuer le 23, ils le reprendront le 26. — Le 19 février, la division Pannetier, de Lyon, les en chassera de nouveau ; ils le réoccuperont enfin le 8 mars et s'y maintiendront à la suite d'un succès remporté le 11 sur la division Musnier qui, envoyée par Augereau, venait pour dégager la ville.

ÉTAT D'ESPRIT A MACON

Napoléon, passant à Mâcon au retour de l'Ile d'Elbe, adressait aux citoyens réunis à l'Hôtel de Ville pour l'acclamer, de vifs reproches pour n'avoir pas soutenu l'honneur bourguignon.

« Pourquoi, dirent-ils, nous avoir donné un si mauvais maire ?»

Cette excuse, l'exposé des faits le démontrera, n'était pas sans fondement. Mais si les Mâconnais furent mal dirigés, ils ne firent rien pour réagir.

ÉTAT D'ESPRIT EN FRANCE

Leur état d'esprit était alors celui qui régnait presque partout en France à ce moment et dont Henri Houssaye nous a fait, dans *1814*, un si exact tableau :

« La population française tout entière n'avait qu'une seule pensée, ne vivait que dans une seule espérance, ne formait qu'un seul vœu : la paix. Après vingt-cinq années de révolutions et de guerres, la France voulait du repos... L'entrée des alliés sur l'ancien territoire, dans les premiers jours de janvier, surprit la France en pleine organisation de défense. L'invasion terrifia la population, mais la France n'eut pas un frémissement de révolte.

« L'idée métaphysique de la patrie violée qui, en 1792, avait eu tant d'action sur un peuple jeune ou rajeuni par la liberté, cette idée ne souleva pas un peuple vieilli dans la guerre, las de sacrifice et avide de repos. Pour réveiller les colères et les haines, il fallut le fait brutal et matériel de l'occupation étrangère avec son cortège de maux ; les réquisitions, le pillage, le viol, le meurtre et l'incendie... Loin que l'invasion, dans les premiers temps, élevât les cœurs, l'esprit public s'affaissa plus encore.

« Presque partout, il suffit aux alliés d'apparaître. Epinal se rendit à 50 cosaques, Mâcon à 50 hussards, Reims à un peloton, Nancy aux coureurs de Blücher, Chaumont à un seul cavalier wurtembergeois. »

NAPOLÉON N'EST PAS POPULAIRE A MACON

Napoléon, passant à Mâcon le 9 avril 1805, disait au comte de Thiard[1] : « Les Mâconnais me détestent — (et, en effet, quelques années auparavant, l'effigie du premier consul avait été brûlée à Mâcon, lorsqu'on avait essayé d'y rétablir les barrières. *Mémoires du comte de Ségur*), — je veux les ramener à moi ». Il ne semble pas qu'il y soit, depuis, devenu plus populaire. Il avait bien, à cette époque, concédé à Mâcon le prix de la vente des biens nationaux encore disponibles dans le département, pour rétablir les quais et construire une nouvelle église, les Mâconnais de leur côté avaient bien appelé la place du peuple « Place Napoléon » et dédié la nouvelle église au saint du même nom (tout en se demandant quel costume ils lui donneraient et ce qu'ils pourraient lui dire le jour de sa fête[2]), mais l'opinion publique restait au fond toujours hostile à l'empire et à l'empereur.

C'est là, croyons-nous, une des causes de l'attitude des Mâconnais en 1814, si différente de celle des habitants de Tournus et de Chalon qui eux, avaient gardé toute leur foi en Napoléon.

Pour réagir contre cet état d'esprit et galvaniser le courage en face de l'ennemi envahissant, il aurait fallu quelqu'un. Il ne se trouva personne à Mâcon.

Le préfet ne vit pas ou ne voulut pas voir la réalité de la situation et se laissa surprendre par les événements.

Le général commandant le département était souverainement impopulaire.

---

1. Archives départementales. F. 638 (Lettre de M. Mielle, de Louhans).
2. LEX. *Passage de Napoléon en Saône-et-Loire en 1805.*

Le maire, par son absence totale de caractère, n'était point pour remonter le moral de ses administrés.

LE PRÉFET

Le baron de Roujoux, préfet de Saône-et-Loire depuis 1802, connaissait l'opinion de la ville; en habile administrateur, il travaillait à la modifier. Le 31 décembre 1813, il écrit au comte de Thiard [1] : « J'ai eu le bonheur de calmer tous les esprits de Mâcon, on a eu confiance en moi et on s'en est bien trouvé... Du reste, je suis bien décidé, si l'ennemi paraissait, à ne lui céder la place que pied à pied, je sauverais les canons, les papiers précieux, mais je n'abandonnerai pas des administrés qui ont toute confiance en moi, qui me regardent comme un père et que j'aime comme des enfants. »

Il était loin de penser que l'éventualité envisagée se produirait à si brève échéance : Avant que l'ennemi signalé seulement à Genève fût devant Mâcon, il a bien le temps d'organiser la défense et d'y préparer sérieusement les esprits. Mais les événements se précipitent. Le 9 janvier, il se décide enfin à ordonner aux maires « de couper les ponts, de sonner le tocsin, de requérir les gardes nationales et d'obéir au commandant du département chargé désormais de la défense. »

Le 12 janvier, au matin, il écrit au général Legrand : « Je m'attends à être visité ce matin par les éclaireurs ; ma poignée de troupes de ligne m'évitera bien l'insulte d'un parti, mais elle ne pourra soutenir le choc du grand nombre ; en ce cas elle se repliera avec moi sur Charolles. Je voudrais n'avoir pas à parler du dénuement où nous sommes ; point d'artillerie, point de munitions, pour un certain nombre de combattants

---

1. Archives départementales, F. 639.

LE BARON DE ROUJOUX
Préfet de Saône-et-Loire en 1814
(1753-1829)
(D'après un portait conservé dans les collections de l'Hôtel Senecé)

un zèle plus qu'équivoque en beaucoup d'endroits, suite de sugges-
tions perfides et que tout l'art des fidèles serviteurs ne peut
vaincre [1]. »

Nous sommes loin de l'optimisme du 31 décembre ; et pourtant, quoique préfet, il n'est pas encore complètement renseigné :
aussi ne se doute-t-il pas des événements dont sa préfecture sera
dans quelques heures le théâtre. « Le 12, l'ennemi entra à
Mâcon au nombre de 17 hussards ; j'avais organisé et ordonné
les moyens de résistance, *je fus trahi par la municipalité qui
avait fait ses conditions la veille* et qui avait préparé les billets
de logement. *J'en ai la preuve écrite ; je fus trahi par le commandant de la place* qui, d'accord avec le maire, ne donna aucun
ordre, n'exécuta rien de ce que j'avais ordonné. Les hussards
étaient sur le pont lorsque j'écrivais encore dans mon cabinet ;
je n'eus que le temps de sauter dans ma voiture », et désabusé
il ajoute : « On débite à l'instant que Dijon est pris, j'en doute
encore ; je doute de tout, même des espérances. » (Autun,
20 janvier 1814).

Le baron de Roujoux en convient donc : il a été surpris par
l'invasion ; connaissant l'esprit, les intentions du maire, il aurait
dû substituer son autorité à la sienne, se rendre aux avant-
postes, et éviter ainsi des récriminations aussi vaines qu'inutiles.
Il avait organisé, dit-il, les moyens de défense, mais il l'avait
fait bien tard, ainsi qu'il ressort de la lettre que, le 9 janvier, lui
adressait au général Legrand, commandant le département de
Saône-et-Loire.

« Depuis dix à douze jours, lui écrivait-il, que l'ennemi menace
notre département, n'ayant aucune troupe à ma disposition pour
m'opposer aux incursions qu'il pourrait faire, j'ai eu l'honneur

---

1. Archives de la Guerre. Dossier concernant les places de 1814. Rapport du
général Legrand.

de me rendre différentes fois chez vous pour vous rappeler ma position et même vous dire que je serais déshonoré si un faible détachement ennemi pénétrait à Mâcon comme il l'a fait ailleurs sans qu'on lui opposât de résistance. Malgré mes sollicitations, aucune disposition n'est prise pour faire quelque défense... C'est pourquoi je vous demande que, d'ici quarante-huit heures, vous mettiez 2 ou 300 hommes désignés ou de bonne volonté, pris dans les gardes champêtres, forestiers, anciens militaires ou toutes autres personnes, au service du gouvernement. Qu'on les arme immédiatement avec les fusils de calibre qui se trouvent dans cette ville; on peut s'en procurer au moins mille et je me charge d'en fournir dix pour ma part.

« Dites à vos citoyens que, en cas d'attaque, je serai à leur tête pour les diriger; je réponds que l'ennemi ne s'emparera pas de Mâcon sans canon comme il l'a fait dans les villes où il est entré.

« J'ai pareillement besoin que vous me fassiez seconder dans mes dispositions militaires pour encombrer le pont de Mâcon à Saint-Laurent, en cas de besoin, ou pour d'autres dispositions à prendre telles que d'ordonner que tous les bateaux qui sont le long de la Saône, en face de la ville, soient ramenés sur la rive droite, de notre côté...

« On doit toujours prendre des précautions, lesquelles seraient trop tardives si on attendait la nécessité d'y avoir recours ou si elles n'étaient pas prévues. De tout quoi nous serions seuls responsables.

        « Le général LEGRAND, baron DE MERCEY [1],
          Commandant le département de Saône-et-Loire. »

1. Archives départementales, F. 639.

Général LEGRAND, baron de MERCEY

(1755-1828)

Commandant le département de Saône-et-Loire en 1814

(D'après le portrait conservé au Musée de Pont-de-Vaux) (Ain)

Cliché Charvet à Davayé.

LE GÉNÉRAL

Si le général Legrand, quoique commandant du département, s'adressait ainsi au préfet pour l'organisation de la défense, c'est qu'il n'avait aucune action sur la population non combattante pour l'armer et la réunir. Il fallait, de toute nécessité, qu'il s'en remît aux soins du représentant de l'empereur dans le département. Les lois et règlements étaient formels, la garde nationale relevait du ministre de l'intérieur, au moins pour sa convocation.

Dans le cas particulier, il était d'ailleurs bon qu'il y eût un intermédiaire entre la population et le général Legrand. Celui-ci,

---

1. Le général Legrand, né à Pont-de-Vaux (Ain) le 17 mars 1755, s'engage le 8 mars 1773 aux dragons « Mestre de Camp », sert dans « Condé Dragons » où il est nommé sous-lieutenant en janvier 1788, fait, avec le 17e dragons, les campagnes du Nord, de Meuse, de Moselle, de l'Argonne et de la Champagne ; sous la République, il fait partie des armées de la Moselle, du Rhin où il est nommé adjudant-général (1793), du Nord où il commande une division de Sambre-et-Meuse et où nous le trouvons général de cavalerie. Pendant la campagne d'Italie, à Novi, il est blessé de sept coups de sabre et a la cuisse fracassée. — En 1805, nous le trouvons à la tête d'une brigade de cavalerie du corps de Lefebvre et, en 1806, sous les ordres de Nansouty. En 1806, également, il est nommé gouverneur de Bayreuth, puis il commande au camp de Boulogne, dans la Meuse-Inférieure, à Cherbourg et enfin à Mâcon. Suspendu pendant la première restauration, il reçut pendant les Cent-Jours, le commandement d'une brigade de gardes nationales dans la division Puthod à Lyon. Mis définitivement à la retraite en août 1815, il meurt à Pont-de-Vaux le 11 mai 1828. — En 1840, un décret du roi Louis-Philippe ordonne l'inscription de son nom sur l'Arc-de-Triomphe.

Nommé baron de l'Empire le 15 juin 1808, il prit le nom de Mercey, domaine qu'il avait acquis le 30 avril 1808 dans les environs de Fleurville.

Entre plusieurs anecdotes où se révèle le caractère du vieux soldat dont la rudesse et la franchise devaient froisser les Mâconnais, citons celle-ci rapportée dans ses Mémoires :

« En 1791, faisant partie de l'armée de la Moselle, Legrand fut traduit devant le comité de la guerre. Il vint à Paris : « J'avais été, dit-il, odieuse-

vieux soldat de l'empire, tout d'une pièce, ennemi des formes,
et disant à chacun crûment son fait, n'avait pas le doigté ni la
diplomatie nécessaires pour agir sur l'esprit des habitants, défiants,
pusillanimes, prêts déjà à la capitulation ; sa bravoure éprouvée
dans toutes les campagnes de la Révolution, de la République
et de l'Empire, ne pouvait guère comprendre les craintes des
Mâconnais ; par sa rudesse, il s'était fait, dans le département,
beaucoup d'ennemis.

Le 9 janvier 1814, le baron de Roujoux écrit au comte de
Ségur, commissaire extraordinaire dans la 18e division militaire
à Dijon[1].

« Dans la situation critique du moment, toutes mes forces
sont dans l'esprit public : il n'est point mauvais ici ; de toutes
parts on répond à ma voix... Mais, il m'en coûte de le dire,
le général Legrand s'est rendu si odieux dans ce département
que pas un homme ne veut marcher sous ses ordres ; il a,
par ses formes brutales, indisposé tous les gens honnêtes, les
fonctionnaires les plus dévoués, insulté tous les maires qui en
grand nombre m'ont offert leur démission et ne restent à
leur poste que par attachement pour moi.

« La répugnance est à tel point que je suis obligé de remplir
le devoir pénible de vous demander un autre commandant.

« Veuillez bien croire, Monsieur le Comte, que je ne suis porté
à cette démarche que par l'intérêt du service de Sa Majesté ; si

« ment dénoncé à Marat : ma première visite fut pour lui et le sabre sous le
« bras, je pénétrai jusqu'à sa baignoire. Il faut croire que j'avais une mine
« passablement terrifiante car, sans que j'eusse ouvert la bouche, la bête
« féroce se mit à hurler : « C'est bien, c'est bien, brave défenseur de la
« patrie, tu as ta grâce ». — Il fit bien car, s'il m'avait reçu autrement,
« je lui faisais sauter la tête comme une pomme. »
1. Archives de la guerre. Dossier concernant la place de Mâcon, 1814.

vous exigez que j'entre dans de plus grands détails, je le ferai, mais il est très urgent de nous donner un chef militaire pour ramener la confiance et pour ne pas laisser refroidir les bonnes dispositions des braves qui ont pris les armes.

« P.-S. — J'ai hésité plusieurs fois à m'ouvrir à M. le Général de la division parce que je n'ai pas l'honneur d'en être connu et qu'il n'y avait pas autant d'urgence. »

L'effet de cette lettre ne se fit pas longtemps attendre.

Dès le lendemain, 10 janvier, arrivait, à trois heures du soir, de Dijon, M. Pastoret, auditeur attaché au comte de Ségur ; il était déjà chez le préfet lorsque le général Legrand vint le trouver : « Monsieur le Général, lui dit-il, l'ennemi est devant Chalon, votre présence y est nécessaire, tant pour la défense de cette place que pour rassurer le peuple [1] ». Le général partit immédiatement pour Chalon où il était le lendemain à quatre heures du matin.

Les Mâconnais, le maire en tête, lui reprocheront amèrement ce départ, ils l'accuseront de les avoir abandonnés au moment critique. La lettre du baron de Roujoux explique tout.

Disons tout de suite qu'à peine le général parti, le préfet semble le regretter puisqu'aussitôt il lui écrit, le 11 janvier, pour se plaindre à lui des mauvaises dispositions de la population et qu'il ajoute : « Combien il me serait doux d'apprendre que les Chalonnais sont dignes de votre courage et rivalisent pour le soutenir [2] ».

Quelle différence de ton ! Tiendrait-elle à celle qui existe entre la correspondance confidentielle et la correspondance officielle ? ou, pendant ces deux jours, les événements auraient-ils modifié

1. Carnet du général Legrand.
2. Archives départementales, F. 641.

complètement la manière de voir du préfet ? Peut-être bien : A partir du 9 janvier, jour où il reçut l'ordre formel de prendre des mesures de défense, l'attitude du maire ne pouvait laisser aucune illusion.

Quoi qu'il en soit, l'accusation était portée; aussi, le 15 janvier 1814, le comte de Ségur écrit au général Legrand : « Il est nécessaire, Monsieur, pour le bien du service, que la plus grande union règne entre le civil et le militaire, c'est l'intention formelle de S. M. et, en me confiant l'autorité la plus étendue dans la 18e division militaire, l'Empereur m'a ordonné de veiller soigneusement à maintenir cet accord. Je vous invite donc, en employant tout votre courage contre les ennemis, à user de beaucoup de modération envers les autorités civiles et les habitants. »

Malgré ces conseils, le général Legrand dut indisposer contre lui quelques citoyens puisque nous trouvons dans le dossier qui le concerne la lettre suivante que nous citons en entier : elle est caractéristique du genre et se passe de commentaires :

« Chalon-sur-Saône, le 1er février 1814.

A Son Excellence le Ministre de la Guerre, en son hôtel à Paris.

« Monseigneur,

« Le général Legrand, baron de Mercey, commandant le département de Saône-et-Loire, faisait sa résidence à Mâcon, chef-lieu de la Préfecture. Comme ce général est habituellement ivre, il n'a fait aucune disposition pour deffendre (*sic*) la ville du chef-lieu, éminemment menacée par l'ennemi depuis l'occupation de Bourg. Il est d'autant plus coupable que Mâcon est susceptible de deffense par sa position et que l'ennemi l'ayant trouvé dépourvu de tout, l'a fait occuper par 26 hommes devant lesquels le général a fui précipitamment.

« Ses amis lui ont fait sentir l'irrégularité de sa conduite ; il a craint pour sa place et s'est sauvé à Chalon-sur-Saône, ville ouverte de toutes parts et qui ne peut se défendre que contre un coup de main. Là, par une folie sans exemple, il a employé 32.000 fr. (que sous différents prétextes il a retirés de la caisse publique) pour établir des redoutes, des palissades et des ouvrages en terre qui font l'objet de la risée publique, puisque ces ouvrages peuvent être tournés de tous côtés. Mais, ce qui le rend plus coupable encore, c'est qu'il arrête tous les militaires qui passent par cette ville pour se rendre en Champagne, les force à créer une garnison qu'il a ainsi composée de 500 hommes, s'est emparé de plusieurs pièces de canon qui se voituraient par la Saône et, par cette conduite criminelle, il retarde les secours que réclament nos armées dans la pénible crise où se trouve notre chère patrie.

« Je vous supplie, Monseigneur, de faire examiner la conduite de ce général qui se moque de ses propres dispositions de deffense et qui n'a en vue dans sa conduite que de faire oublier sa conduite de Mâcon.

« Une vedette ennemie de 7 hommes se présenta, il y a quinze jours, à la porte de cette ville, on lui envoya une décharge qui blessa un cheval. Il n'y a eu aucune attaque contre Chalon dont le bon esprit des habitants a éloigné l'ennemi. Tous les rapports qui ont été faits à V. E. par le général sont des mensonges insignes, croyez-en un vieux militaire qui aime son pays et qui déteste les malversations et les intrigues.

« J'ai l'honneur...

« GAUTHIER. »

« P.-S. — Je vous prie, Monseigneur, de ne point renvoyer ma lettre malgré toute sa véracité ; je craindrais pour ma petite (*sic*) fortune qui consiste dans une place que l'on pourrait m'ôter par l'influence de M. le général Legrand. »

On reste rêveur en voyant comme annotation de ce factum : « A vérifier tout cela », et en le trouvant reproduit dans un long rapport adressé le 12 mars à Clarke, ministre de la Guerre, rapport à la suite duquel on demanda au général Legrand « un compte rendu détaillé de sa conduite jour par jour depuis l'entrée de l'ennemi dans le département de Saône-et-Loire jusqu'au moment où il s'est rendu à Paris ».

C'est ce compte rendu, figurant aux archives de la Guerre dans le dossier concernant Mâcon en 1814 qui permet de suivre en détail les opérations du général à Mâcon, Chalon et Tournus.

Grâces soient donc rendues au citoyen Gauthier.

LE MAIRE

M. Louis Bonne était maire de Mâcon depuis le 12 juin 1811.

Dans son carnet, le fils du général Legrand rapporte que sur ce Bonne, marchand de vin, on fit (Désaugiers, je crois), ce jeu de mots : « qu'il ne pouvait résister, n'ayant que des pièces de (vin) 20, alors que l'ennemi en avait de 24 », et il nous le représente : « portant redingote caca-dauphin, chapeau rond, bottes à revers, sabre traînant ; ce sabre était de longueur démesurée et la lâcheté de son propriétaire n'était pas de moindre dimension. »

• L'auteur d'une petite biographie mâconnaise parue en 1821 nous dit que « comme négociant, on ne saurait dire s'il a fait

BONNE (Louis)
Maire de Mâcon en 1814
(D'après un portrait conservé au Musée de Mâcon)
Cliché Charvet à Davayé

banqueroute. Comme maire, il a tendu, dit-on, la main aux Autrichiens pour les faire entrer dans la ville : il y avait dans ce temps de l'honneur à le faire, puisqu'il a été décoré de l'insigne des braves ; comme député, il a voulu se mêler de finances... son talent est dans l'intrigue, mais il baisse ».

Point n'est besoin, d'ailleurs, de recourir aux appréciations des contemporains.

Le simple exposé des faits juge, et très sévèrement, l'homme qui, dans des circonstances aussi graves, ne sut pas se rappeler, si ses administrés l'oubliaient, qu'au maintien de l'honneur et à la défense de la patrie, on doit tout sacrifier, préférences politiques, intérêts personnels.

Les préférences politiques des Mâconnais étaient, nous le savons, hostiles à Napoléon ; quant à leurs intérêts personnels, à leur tranquillité, ils leur sont, ainsi qu'à leur maire, chers avant tout. C'est la base de toutes les délibérations, le leit-motiv de toutes les proclamations : « maintenir le premier bien des familles, la tranquillité[1]. »

Aussi, le 10 janvier, lorsque le préfet, devant l'imminence du danger, fait demander au maire l'état de situation de la compagnie des pompiers et le nombre d'hommes dont elle dispose pour la défense de la ville, celui-ci lui répond[2] :

« J'ai pensé jusqu'à présent que cette compagnie est toute municipale... que les pompiers ne pourront en aucun cas être distraits de leur service.

« Je ne doute pas que vous vous pénétriez de mes observations et que vous jugerez comme moi qu'en aucun cas et surtout celui où nous sommes, cette compagnie, composée de pères de famille, ne peut et ne doit pas être distraite en vue de ses précieuses occupations. »

1. Proclamation du 14 janvier. Archives municipales.
2. Registre de Correspondance.

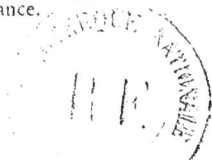

Et, lorsque, le 11, le baron de Roujoux prescrit la mise en état de défense de Saint-Laurent et de la levée de la Madeleine, chose bien facile à faire, puisque la Saône était débordée sur une étendue d'une demi-lieue et qu'il eût suffi de faire une coupure à la levée qui est en tête du pont pour arrêter une armée [1], c'est encore au nom de la tranquillité que le maire de Mâcon le supplie de n'en rien faire [2] :

« J'ai communiqué au maire de Saint-Laurent la note que vous m'avez adressée, voici le résultat de cette conférence:

« Nous avons, m'a-t-il dit, à veiller à la sûreté de nos administrés. Toute entreprise de défense sans moyen de la couronner de succès compromettrait indubitablement les personnes et surtout le pays que l'on exposerait au pillage. Vous n'avez point de forces réelles ni de moyens de vous en procurer. Là où la force militaire n'existe pas pour soutenir les dispositions des citoyens, il est inutile et même dangereux d'opposer un simulacre de résistance.

« Nous ne pouvons douter que l'ennemi est venu en force contre Bourg et ses environs, d'après la canonnade certaine qu'on a entendue. En nous repliant sur Mâcon, nous laissons Saint-Laurent au pillage et par suite la ville. Il est donc impossible que, pour un instant d'opposition qui nous exposerait sans aucun résultat avantageux à la chose publique, je puisse me décider à aucune mesure. Ce ne pourrait être tout au plus que sur un ordre précis du préfet de mon département [3].

---

1. Archives de la guerre. Cartons de correspondance de la grande armée ; 12 janvier 1814.

2. Archives municipales. Registre de correspondance, 11 janvier.

3. Cet ordre, le préfet de l'Ain, le baron Rivet, l'aurait certainement donné: Lors de la défense de Bourg le 10 janvier, il se conduisit vaillamment se ren-

« J'avoue, Monsieur le baron, qu'il m'a été impossible de combattre une résolution qui repose sur des motifs aussi puissants. Nous suspendrons peut-être un instant la marche de l'ennemi, mais pour deux heures au plus, et ces deux heures coûteront à Saint-Laurent et à Mâcon toute la rigueur qu'un ennemi vindicatif peut exercer impunément sur 11.000 habitants.

« Vous êtes instruit, au surplus, des malheurs qui menacent la malheureuse ville de Bourg et je me réfugie dans votre courage et vos conseils. »

Non seulement le maire ne voulait pas défendre, mais il ne voulait pas que l'on défendît Mâcon.

C'est ainsi que, le 9 janvier, le général Legrand lui demandant de lui fournir cent paquets de cartouches à distribuer immédiatement aux quelques hommes du 16e d'infanterie, la seule garnison de la ville, le maire répondit qu'il n'en avait pas. Ce n'est que le 24 janvier qu'il se décida à déclarer qu'il avait six barils de poudre, des cartouches à balle, des boulets, de la mitraille. — Donc, le 9, il paraît avoir menti[1].

Trahison ?... Le mot est bien gros, on hésite à le prononcer; mais comme, aux contemporains, en présence de ces faits et de ces documents, il vient fatalement à l'esprit. Lâcheté et manque de caractère ?... Plutôt. C'est l'impression que nous donne la lettre de démission adressée au préfet le 13 février par le maire, lettre qui n'eut, d'ailleurs, aucune suite puisque M. Bonne resta en fonctions jusqu'au début de mars 1815, époque où l'empereur revenant de l'île d'Elbe, il jugea prudent de disparaître.

---

dant à cheval sur le lieu du combat et s'exposant à la mousqueterie. (Lettre d'un habitant de Bourg, 12 janvier).

1. Carnet du général Legrand.

« Monsieur le Préfet,

« Je vous supplie de pourvoir à mon remplacement : mes forces physiques et morales sont épuisées. Depuis un mois, elles sont à la disposition de l'ennemi. Il m'en reste à peine aujourd'hui pour essayer de me rétablir... Un maire, aux yeux de l'ennemi, n'est qu'une bête de somme qu'on charge et surcharge jusqu'à ce qu'elle tombe. Je suis à terre.

« Recevez, Monsieur le Préfet, mes regrets de ne pouvoir continuer ces fonctions qui ne me flattaient qu'autant que je pouvais être utile. Je ne puis qu'embarrasser car je n'ai ni *forces*, ni *déterminations* [1]. »

D'après ce que l'on a su plus tard, la Saône devait être une limite que les troupes commandées par Bubna ne pouvaient dépasser que d'après les ordres ultérieurs en cas de résistance [2]. Quoi qu'en dise le maire, Mâcon aurait pu résister et pendant plus de deux heures, avec les seuls moyens dont la ville disposait le 12 janvier.

GARNISON

Il y avait, en effet, dans la place :

1° Un détachement du dépôt du 16e et un du 144e d'infanterie ;

2° Une garde nationale de 120 hommes, organisée le 2 novembre 1813 avec tous ses cadres [3] ;

---

1. Archives municipales. Reg. de Correspondance.
2. Bibliothèque de Tournus. Récit d'un témoin oculaire.
3. Colonel : Lavernette-Lasserre. Capitaine : Sorbier-Foccard. Lieutenant : Blanchard (épicier). Sous-lieutenant : Courtois cadet. 1 sergent-major. 5 sergents. 10 caporaux. Le 10 décembre 1813, le maire fait observer que plusieurs citoyens se sont fait remplacer par des hommes qui n'ont ni l'âge, ni la santé, ni la tenue décente convenable au service.

3° La compagnie des pompiers.

Un arrêté du préfet avait mis, le 9 janvier, ces deux dernières sous les ordres du commandant du département et, en quittant Mâcon, le 10 janvier au soir, le général Legrand avait, par écrit, laissé le commandement de ces troupes au colonel retraité Defranc, seul officier supérieur qui fût dans la place [1].

C'était plus d'hommes qu'il n'en aurait fallu pour barrer d'abord cette fameuse levée de Saint-Laurent, passage de tout temps difficile et redouté (comme nous l'indique le nom ancien de la Madeleine, village situé à l'une de ses extrémités : *Bon Arrivoir*), pour interdire ensuite l'entrée de la ville si fortement défendue par la Saône.

PRISE DE MACON

12 janvier 1814

Entré à Bourg le 11 janvier, avant de continuer sa route sur Lyon, le général Bubna envoya sur Mâcon un fort détachement du régiment de hussards de Lichtenstein, avec mission sinon de s'emparer du pont, du moins de le masquer.

C'est ce détachement de cavalerie qui, le 12, vers midi, entra sans coup férir dans la ville.

Dans quelles conditions et comment ?

Nous avons, pour nous le dire, deux documents très détaillés : le

---

1. Pendant plusieurs années, le colonel Defranc avait siégé au conseil de recrutement ; il commandait alors le dépôt des prisonniers de guerre espagnols établi à Mâcon depuis 1808. Les Espagnols, paraît-il, s'y amusaient ferme, ils avaient mis la tête à l'envers à tout le beau sexe. Je connais une grande dame qu'on n'appelle plus depuis que Mᵐᵉ Hidalgo. Ayant, dès lors, l'oreille des dames et par là et par contre coup, quelque influence sur les maris, ces étrangers ont contribué à inculquer aux Mâconnais l'idée d'une capitulation immédiate. (Ch.-E. Legrand).

rapport du capitaine Delesque, aide de camp du général Legrand, que celui-ci avait laissé à Mâcon le 10 janvier pour recevoir ses ordres ou ceux qui étaient adressés par le général de la 18e division, le comte Ligier-Belair, et le procès-verbal rédigé par les soins de la municipalité.

Nous ne pouvons mieux faire que de citer textuellement l'un et l'autre.

RAPPORT DU CAPITAINE DELESQUE

Rapport à M. le baron de Mercey, général commandant le département de Saône-et-Loire par les capitaines et lieutenants J. Martin, Villepique, d'Élion, Bariat, Tugnot et Delesque [1].

« Charolles, le 14 janvier 1814.

« Mon général,

« Mardi, 11 du courant, vers onze heures et demie ou minuit, ayant entendu différentes personnes affirmer que l'ennemi était entré à Bourg, je fus, conjointement avec M. Martin, capitaine au 16e léger, chez M. le Préfet pour nous informer si le bruit qui se répandait dans la ville était réel. M. le baron de Roujoux nous déclara qu'il paraissait certain que l'ennemi s'était emparé de Bourg. Sur-le-champ, j'ai demandé à M. le Préfet quelles dispositions il désirait ordonner ; il avait déjà écrit une lettre pour qu'il soit mis à la disposition du commandant de la place, 40 hommes de la compagnie de réserve, lesquels devaient prendre le sac et les cartouches.

« Comme M. le Préfet nous fit l'honneur de nous demander quelles seraient les mesures que l'on pourrait prendre, je lui fis observer que sur la grande route de Bourg, il existait différents

1. Archives de la Guerre. Dossier concernant les places: 1814. Mâcon.

ponts dont on pouvait faire sauter au moins un avec l'aide des
habitants et qu'avec une quantité de pierres qui se trouvaient
entre les deux premiers ponts on en pouvait de suite former un
retranchement.

« M. le Préfet déclara que l'on pouvait employer cette mesure.
Je lui observai qu'avec le peu de monde qui se trouvait dans la
place, nous ferions tout notre possible et qu'il serait même
déshonorant, pour une ville comme Mâcon, de souffrir qu'une
poignée de troupes pénétrât dans la ville ayant une rivière qui
offrait un si grand moyen de résister. Enfin, il fut arrêté que la
troupe se porterait en avant de Saint-Laurent.

« Pour ne point perdre de temps, M. Martin courut chercher
le peu de soldats du 16e régiment, et en allant prévenir
M. le colonel Defranc que la troupe allait se porter à Saint-Laurent, je passai à la caserne de la compagnie de réserve pour mon-
trer la lettre de M. le Préfet au capitaine de cette compagnie,
lequel fit prendre les armes à un officier et à 40 hommes, tel
qu'il était spécifié et se porta pour passer le pont, ainsi que le
détachement du 16e.

« Pendant ce temps, je courus chez M. le colonel Defranc que
je trouvai couché ; il se leva aussitôt et prit connaissance de la
lettre de M. le Préfet que je lui apportais. Je lui rendis compte
que la troupe était prévenue et qu'elle se rendait à Saint-Laurent
où il la trouverait en avant sur la route de Bourg pour y attendre
ses ordres.

« Je le quittai pour rejoindre la troupe et fus très surpris de la
trouver arrêtée sur le pont où M. le Maire avait envoyé un
homme qui s'est dit adjudant de la Garde nationale, lequel s'opposait au passage des troupes, s'écriant que si l'on faisait résistance
aux ennemis, ils pilleraient la ville. Cet homme venant directement à moi et me faisant des menaces sur les dégâts que com-

mettrait l'ennemi en cas de résistance et que nous autres militaires nous n'avions pas de propriété dans la ville, nous serions
cause du pillage.

« J'eus beau observer à cet homme que c'était avec l'autorisation de M. le Préfet ainsi que du commandant de la place :
ennuyé de ces propos et menaces qu'il faisait au nom de la Loi
et de l'autorité civile, je lui dis que s'il continuait, j'allais le faire
arrêter parce qu'il intimidait les soldats. Je dis aussi à MM. les
officiers du détachement : « N'écoutons pas cet homme et par-
tons. » Ce qui fut fait.

Aussitôt que la troupe fut sur la route, on envoya un poste
en avant du village et le reste du détachement éleva avec des
pierres un épaulement en travers de la route, en laissant seulement la voie nécessaire et libre pour les voitures.

Pendant ce temps, M. le Maire de Mâcon a été chez M. le
Préfet où il lui a dit en présence de M. Villepique, capitaine de
recrutement : « M. l'Adjoint au maire de Saint-Laurent et moi
venons vous observer que la ville de Mâcon et Saint-Laurent
seront pillés par l'ennemi si la troupe se met en état de défense ;
vous savez bien, Monsieur le préfet, les malheurs qui sont arrivés à Bourg, qui s'est défendue. — J'ignore, dit M. de Roujoux, les malheurs dont vous voulez me parler et comme il m'est
expressément recommandé d'employer tous les moyens qui
peuvent être en mon pouvoir pour arrêter la marche de l'ennemi et l'empêcher de pénétrer dans la ville...

« Le Maire réitéra sa demande plusieurs fois, au point que
M. le Préfet impatienté lui dit : « Dites donc aux dames de
mettre le couvert pour recevoir l'ennemi ». M. le Maire répondit : « Puisque vous êtes déterminé à faire défendre la ville, je
ne réponds pas des événements qui pourraient en résulter.

« Il paraît qu'il a fait des menaces à M. le colonel Defranc, car ce dernier vint à Saint-Laurent au moment où l'épaulement s'achevait et n'approuva ni ne désapprouva le travail fait. Il était accompagné de l'émissaire de M. le Maire de Mâcon et de l'Adjoint de celui de Saint-Laurent à qui on fit la demande d'accorder une ou deux granges ou écuries pour y placer les troupes à couvert d'un fort verglas, ce qu'il accorda.

« Je suis resté avec la troupe jusqu'à deux heures après minuit où, de là, je me rendis à la préfecture avec M. Villepique pour rendre compte du désagrément que l'on éprouvait de la part des autorités civiles. Nous ne vîmes pas M. de Roujoux ; M. le Secrétaire général nous dit que M. le Préfet avait commandé de couler des balles pour des cartouches.

« M. Villepique fit continuer son travail et je me rendis à notre bureau en y attendant les ordres qui pourraient survenir.

« Je retournai à Saint-Laurent entre huit et neuf heures du matin, j'appris, par M. le capitaine Martin, que l'adjoint du maire de Saint-Laurent lui avait refusé un local pour établir un corps de garde, ainsi que du chauffage, pour sécher les soldats d'une pluie et verglas dont ils étaient mouillés et même de continuer à les souffrir à couvert, lui ayant dit qu'ils aient à se retirer, que les habitants de la commune défendraient le pays, que, d'ailleurs, les affaires du département de l'Ain ne regardaient nullement celles de Saône-et-Loire. M. le capitaine Martin, craignant une rixe et que le mauvais temps ne soit nuisible aux soldats et particulièrement pour leurs armes, réunit le détachement, le fit rentrer à Mâcon où il le consigna au quartier pour l'avoir prêt à marcher. Il se rendit sur le champ, accompagné de M. Bariat, capitaine au même régiment, pour faire le rapport à M. le Préfet. Ne l'ayant pas trouvé, M. le Secrétaire général leur répondit qu'on arrangerait cela.

« Ils furent aussitôt chez M. le colonel Defranc, commandant la place, qui leur déclara qu'il n'avait pas d'ordres à donner, qu'il était citoyen et militaire, et qu'il était dans un grand embarras.

« Pendant ce temps, les habitants de Saint-Laurent s'empressèrent de démolir l'épaulement que la troupe avait fait sur la route.

« Vers midi et quart, M. le Préfet m'envoya chercher et me demanda si j'avais connaissance de ce qui s'était passé à Saint-Laurent et de la manière d'agir de l'adjoint du maire ; je lui déclarai que j'en avais ouï parler mais que je n'étais pas présent à cette affaire. Il me déclara que définitivement l'ennemi en voulait à Mâcon ; alors il entra avec moi dans les détails de défense ; je lui réitérai qu'il fallait de suite couper un pont, même celui de la Saône, s'il était nécessaire.

Il envoya chercher M. Defranc pour lui demander quels moyens il comptait employer pour défendre Mâcon ; il lui remit une lettre où il lui donnait (je crois) la responsabilité de la défense de la ville.

« A peine étions-nous sortis de la préfecture qu'étant monté au bureau pour vous écrire et envoyer au général de division la situation, le rapport qu'on lui adresse chaque courrier, on vint me dire que l'ennemi était en ville.

« M. Bariat, capitaine au 16e, déclare qu'au moment où il faisait prendre les armes à sa troupe, plusieurs bourgeois qui s'étaient portés au quartier lui criaient que de la part du Maire, sa troupe ne devait pas les prendre, qu'il y avait un parlementaire avec lui, que la ville s'était rendue et que la troupe devait aller à la maison de ville ; ils prétendaient qu'elle devait se rendre prisonnière de guerre.

« Le capitaine les menaça de faire feu sur eux s'ils ne se retiraient ; il ajoute de plus que des soldats de son détachement lui ont rapporté que des habitants de Saint-Laurent leur avaient déclaré que s'ils faisaient résistance à l'ennemi, ils les assommeraient à coups de pierre.

« Deux gendarmes qui se trouvaient à Saint-Laurent, au moment où l'ennemi y entrait, furent assaillis par la populace qui était sur le pont et qui les menaçait de les jeter dans la Saône parce qu'ils avaient le sabre en main. Ce ne fut qu'à force de menaces qu'ils purent se retirer.

« Messieurs les officiers, desquels j'ai recueilli ces renseignements, ont signé en particulier pour tout ce qui les concerne.

J. Martin, capitaine ; Villepique, capitaine ; Delesque, capitaine aide de camp ; d'Élion, lieutenant ; Bariat ; Tugnot. »

PROCÈS-VERBAL DE LA MUNICIPALITÉ

Voici maintenant la version de la municipalité. Sur bien des points elle ne concorde pas avec le rapport que nous venons de citer et les lettres de M. de Roujoux :

« Aujourd'hui, 12 janvier 1814, nous, Maire et adjoints... déclarons que n'y ayant plus de forces militaires dans Mâcon depuis le départ de la 16e légère ainsi que de la partie de la garde départementale depuis le 11 du courant, que M. le général commandant le département s'étant porté depuis le 10 de ce mois sur la ville de Chalon... que l'impossibilité même d'établir une ligne d'instruction depuis les points menacés jusqu'à nous par l'absence de troupes légères et le défaut de moyens d'en établir ; que n'ayant d'autre force que la cohorte urbaine employée au service de la garde de la ville et de maintenir l'ordre, laquelle était insuffisante pour réaliser les projets de défense formés par M. le Préfet qui lui-même ne trouvait aucun noyau de troupes de ligne dans son arrondissement, attendu que le peu qui existait était employé à la défense de Chalon, Louhans et lieux

environnants, menacés plus évidemment que nous ; que l'ordre
d'évacuer la place ayant été transmis à toutes les administrations
civiles, militaires et judiciaires hier à dix heures du soir, par
M. le Préfet, ce qui constatait l'impossibilité de pouvoir s'opposer
à l'entrée de l'ennemi.

« Aujourd'hui, à 1 heure 3/4 de l'après-midi, l'ennemi s'est présenté sur le pont à l'entrée de la ville et le commandant, après
avoir détaché trois hommes de sa troupe, s'est rendu à la mairie.
Que, dans le même moment, le maire sortant de l'hôtel de ville
et voyant arriver un cavalier le sabre à la main et poussant son
cheval à outrance, ne sachant à quoi attribuer cette conduite
dont le public s'effrayait, n'a entendu qu'un cri : Les voilà !...
Qu'à l'instant deux hommes du poste du pont sont arrivés pour
le prévenir de l'entrée de l'ennemi et l'inviter à se transporter à
celle du pont, qu'ayant continué sa route vers le pont, accompagné des adjoints et d'un grand nombre de citoyens groupés
autour d'eux, ils ont trouvé sur la place même du marché
l'officier autrichien qui s'avançait et se dirigeait par la rue Municipale, accompagné de son escorte.

« Que les citoyens qui accompagnaient cet officier, ayant, à
la vue de M. le Maire, annoncé sa présence, ledit officier s'est
avancé à lui et lui a dit en langue autrichienne qu'il venait le
prier de se rendre à l'entrée du pont auprès de l'officier supérieur
de l'escorte.

« Que s'y étant rendus avec un grand nombre de citoyens,
nous avons, en effet, trouvé le commandant à la tête de
14 hussards, lequel nous a invités, *en français*, de le recevoir avec
sa troupe qui précédait une colonne de quelques mille hommes,
qu'il garantissait sûreté aux personnes et aux propriétés et qu'il
venait en ami.

« Considérant que n'ayant jamais eu aucun moyen de résistance dans cette ville et que l'évacuation de toutes les autorités étant faite, nous ne devions plus songer qu'à garantir nos concitoyens des suites fâcheuses et inévitables qu'occasionnerait un refus qui, d'ailleurs, devenait inutile et qu'en se rattachant à ces puissantes considérations, nous conservions au souverain une population de 11.000 âmes qui bientôt pouvait lui être rendue et en état de lui être utile par cela même qu'elle n'aura pas été froissée par la violence de l'ennemi ; ne pouvant plus consulter pour le moment que les devoirs de nos fonctions paternelles, M. le Maire a observé à l'officier commandant que la ville, ainsi qu'il le voyait, était sans défense, qu'il lui était impossible de s'opposer à ce qu'il en prît possession, mais qu'il réclamait pour les citoyens sûreté, protection, et surtout que la garde établie pour l'ordre intérieur continuât son service sous les armes pendant tout le temps que les circonstances l'exigeraient.

« Ce à quoi le commandant a consenti, et s'étant rendu au milieu d'une foule immense à la mairie, il a été introduit et est resté environ une demi-heure en nous annonçant que dans la nuit sa colonne entrerait et que nous ayons à préparer des logements pour 1.000 hommes et 400 chevaux.

« Dont et du tout nous avons dressé procès-verbal pour constater la conduite des magistrats et des principaux citoyens qui ont signé après lecture. »

Suivent 63 signatures.

En somme, ces 63 citoyens n'avaient pas la conscience très tranquille. Les excuses qu'ils s'efforcent de trouver pour justifier leur conduite n'ont pas grande valeur : ils se plaignent du départ de toutes les autorités civiles et militaires. Si le général Legrand est parti, nous savons pourquoi ; nous savons également que loin d'avoir quitté la ville le 11 au soir, le Préfet y était encore le 12 dans la matinée, disposé ou tout au moins se disant disposé à la résistance.

L'officier commandant la troupe alliée, le comte de Saint-Quentin, ne s'attendait certes pas à un succès aussi facile. Pour l'assurer, il veut impressionner la foule qu'il sent désemparée et il se donne comme l'avant-garde d'une forte colonne qui le suit de près. En réalité, pendant ce mois de janvier, il n'y eut à Mâcon jamais plus de 500 Autrichiens (200 fantassins et 300 cavaliers[1]).

Les alliés s'établirent sur toute la longueur des quais et depuis le pont jusqu'au haut de la rue de la Barre ; ils se gardèrent par trois postes, à Saint-Antoine, à la Barre et à Saint-Clément, en poussant des reconnaissances sur les routes de Villefranche, Tournus et Charolles.

Dans Mâcon même, ils jouissaient de la plus grande sécurité ; le maire avait recommandé sa ville « aux bontés de M. le Commandant », et le jour même de l'entrée de l'ennemi, il adressait à ses administrés une proclamation où il leur disait :

« Que la sagesse nous guide, que la prudence règne dans toutes nos démarches et nous garantirons nos épouses, nos enfants, nos propriétés des désastres qui accompagnent presque toujours la guerre ! Point de provocations, point d'injures, ce sont les armes des ennemis du repos. Du sang-froid, de la réserve, et vous prouverez que vous êtes dignes d'occuper un rang distingué parmi les nations.

« J'ai l'assurance que vous continuerez de veiller à votre sûreté, concurremment avec les troupes qui viennent occuper cette ville... Montrez que vous connaissez les lois de l'hospitalité ; c'est le gage le plus précieux que vous puissiez donner de votre confiance à ceux qui veilleront sans cesse sur vous. »

1. Le comte de Ségur au général Legrand, 16 janvier.

ANNALES DE L'ACADÉMIE DE MACON
(3e Série, Tome XIX)

LOUIS BIDAT
(1766-1837)
Capitaine de la Garde Nationale de Tournus,
qui prit l'initiative de l'expédition du 23 janvier 1814
(D'après une miniature du temps)

LES TOURNUSIENS REPRENNENT MACON

(23 janvier)   .

L'occupation de Mâcon par les Autrichiens interceptant les communications avec le Midi, soit par la route, soit par la Saône créait pour Tournus une situation pénible. D'autre part, la capitulation du chef-lieu avait causé dans tout le département une certaine démoralisation.

Pour faire cesser cet état de choses, une partie des officiers de la garde nationale de Tournus, auxquels se joignirent quelques habitants, se réunirent le 21 janvier chez le commandant de la place.

Sur la proposition de l'un d'eux, Louis Bidat, on résolut d'en finir en allant chasser l'ennemi de la ville de Mâcon. De suite, l'expédition fut décidée et on en fit part au général Legrand qui était à Chalon.

Il parut d'abord opposé à ce projet : Attaquer une ville organisée défensivement par des troupes régulières lui semblait bien hasardeux alors qu'il ne disposait que de soldats organisés à la hâte et pour ainsi dire de fortune. Devant les instances des Tournusiens, il céda pour rétablir les communications avec Lyon, purger le pays de la présence des Autrichiens, fournir un exemple aux départements voisins et donner à la ville de Mâcon les moyens de se rétablir dans l'esprit de la nation entière [1].

Le 22 janvier, il passait sur la place de l'Hôtel-de-Ville la revue de la colonne dans laquelle figuraient :

308 gardes-nationaux de Tournus, armés et vêtus à l'ordonnance et formant trois compagnies, une de voltigeurs, une de grenadiers et une de pompiers.

1. Rapport au général de division sur l'affaire du 23 janvier.

92 gardes-nationaux de Chalon, Saint-Gengoux-le-National, Cuisery, Sennecey-le-Grand, Saint-Bonnet-de-Joux ;

10 artilleurs improvisés à Chalon servant une petite pièce de 4, montée sur des roues de cabriolet, amenée de Chalon et commandée par le lieutenant Charles Legrand, fils du général;

30 pompiers chalonnais conduits par le capitaine Dromard;

39 hommes du 144ᵉ de ligne, sous les ordres du lieutenant Pinet [1].

C'étaient ces 479 hommes qui le lendemain devaient marcher contre Mâcon.

Dans les plans du général Legrand, leur effort ne serait pas isolé; le général en retraite de Lavaux, retiré à Cormatin, devait, avec les hommes de la garde nationale levés dans la région de Cluny, se diriger par Igé, Verzé et Charnay sur Saint-Clément et faire coïncider son attaque avec celle du général Legrand, de manière à prendre l'ennemi entre deux feux.

En réalité, le général de Lavaux ne put réunir personne et il vint seul, le 23 au matin, se joindre, à Saint-Albain, à la colonne du général Legrand réduite ainsi à une action isolée qui heureusement fut couronnée de succès [2].

Le 23 janvier, à 8 heures du matin, malgré la neige qui n'avait cessé de tomber toute la nuit et s'élevait à plus d'un pied sur la route, la colonne, précédée de la pièce de canon, sortait de Tournus aux accents de la *Marseillaise* entonnée par Louis Bidat. A son passage devant l'église Sainte-Madeleine, l'abbé Dubost la bénit. A Saint-Albain, on fit une halte, on distribua les cartouches et chacun vérifia ses armes, puis, comme par suite du mauvais état de la route, du froid, de la fatigue, la colonne

1. Carnet de campagne du général Legrand.
2. Commandant Guironde, *Tournus en 1814 et 1815*.

s'allongeait et que tous n'avaient pas le même pas, vieux et jeunes étant mêlés, on fit battre le pas de charge et la générale.

Cela rendit des jambes aux traînards, mais aussi l'éveil à l'ennemi.

Quelques cavaliers autrichiens postés à Saint-Jean-le-Priche vinrent précipitamment prévenir de l'approche de la colonne le major de Saint-Quentin. Celui-ci prenait tranquillement le café avec ses officiers à l'hôtel du Sauvage. « Allons ! dit-il, 50 hommes pour ramasser le général Legrand et ses paysans », puis il continua à rire, ne donnant aucun ordre pour le rassemblement de sa troupe.

Pendant ce temps, les Tournusiens avançaient : à 3 h. 1/2, ils étaient devant Mâcon.

A partir de ce moment, laissons la parole au général Legrand qui, dans un rapport détaillé, rend compte au général de division de son opération.

RAPPORT DU GÉNÉRAL LEGRAND

« Arrivé près de Mâcon, je me fis mettre à cheval [1], je disposai ma troupe et fis porter en avant et sur les côtés une compagnie en tirailleurs. Une partie de ceux-ci avaient ordre de tourner à l'ouest par la porte de la Barre pour couper le poste ennemi ; l'autre partie devait pousser droit devant elle, traverser la ville, arrêter les fuyards et disposer le peuple à me seconder.

« Entre le poste de la porte de Chalon et mes tirailleurs, la fusillade éclata bientôt, bien nourrie ; le poste fut, d'ailleurs, culbuté en un instant. Ma pièce commandée par mon f.s, alors élève de l'École de Saint-Cyr, promptement dégagée de

---

1. Par suite d'anciennes blessures, le général avait fait la route en voiture.

l'avant-train, manœuvre à la bricole. Je fais battre la charge, nous avançons au pas de course.

« L'ennemi néanmoins avait eu le temps de se ranger en bataille sur le quai. Notre approche résolue le fit débusquer et il prit alors une position sur le pont où son infanterie, à genoux, masquée par le parapet, se disposa à une opiniâtre résistance.

« Je dirigeai mes pelotons par une rue qui aboutit sur le quai (par la rue de Paris et la rue de Saône, la rue Franche et la rue du Maure) et à demi portée de canon du pont, ma pièce, masquée par le détachement du 144ᵉ de ligne, fut bientôt à même de faire feu. D'autre part, les tirailleurs, débouchant inopinément de la ville (par la rue de la Barre et la rue du Pont) sur le pont, forcèrent l'ennemi à désemparer.

« Le comte de Saint-Quentin prit alors des dispositions pour nous charger. Il plaça son bataillon de l'autre côté du pont, face à notre droite, un escadron face à notre gauche et conserva un gros de hussards vis-à-vis le pont.

« Mais, un coup de canon l'ébranla soudain ; notre contenance, le feu violent de nos tirailleurs le déconcertèrent, le moral de cette cavalerie attaquée par notre artillerie faiblit, ce ne fut plus une retraite mais une fuite qu'elle opéra entraînant le reste à sa suite.

« Ma pièce, qui décida du succès de cette affaire, passa vivement le pont. Toujours face à l'ennemi et, appuyée par une partie de ma troupe, elle entretint un feu continuel sur les Autrichiens. Arrivée par la rive gauche de la Saône, au milieu du bourg de Saint-Laurent, sa mitraille leur infligea de grandes pertes. Bien plus, le peu de largeur de la chaussée, inondée à droite et à gauche, ne leur ayant pas permis de se livrer à une retraite assez prompte, leur déroute fut complète.

« Après les avoir poursuivis jusqu'à la Madeleine, sur la route de Bourg, nous nous retirâmes à Mâcon : la nuit était venue. »

Complétons ce récit par celui qu'a fait, du combat, le fils du général Legrand qui, nous le savons, commandait la pièce d'artillerie.

RÉCIT DU COMBAT PAR LE FILS DU GÉNÉRAL LEGRAND

« A 800 mètres de Mâcon, nous partîmes au pas accéléré et ne tardâmes pas à prendre le pas de course ; je manœuvrai la pièce de canon et la tins constamment en avant de la colonne, à hauteur de la double ligne de tirailleurs qui flanquaient notre route. Leur feu éclata tout à coup vif et soutenu.

« Les Autrichiens du premier poste, placés sur deux rangs, ripostèrent par des feux de salve ; nous étions à moins de 150 pas, la colonne un peu plus loin, mais avançant toujours. Notre masse, notre élan, nos cris, la charge que battaient nos tambours eurent raison en trois minutes de la porte de Paris. De notre côté, nul n'est atteint, mais, là-bas, deux fusils tombent que mes hommes ramassent au passage ; l'ennemi fuit, dos baissé, presqu'à quatre pattes et disparaît.

« Nous enfilons la route de Paris, la rue de Saône et débouchons sur le quai Nord. Rien.

« M. de Montcrost, avec 4 cavaliers et 4 gendarmes, poussa hardiment une reconnaissance jusqu'au cœur de la place ; les neuf hommes disparaissent bientôt, au galop, dans l'angle du quai, mais, en avançant, nous ne tardons pas à les revoir. Ils sont aux prises. Arrivés près de l'Hôtel du Sauvage, à quelques pas de la tête du pont, M. de Montcrost est accueilli par une grêle de balles, deux chevaux tombent morts.

« Cet homme intrépide va succomber sous le sabre d'un peloton de hussards qui surgissent du quai Sud ; j'arrive avec mes canonniers et nous le dégageons à coups de pistolets.

« Survient le peloton du 144e ; je pointe ma pièce et mets le feu moi-même à la première volée.

« Le pont de Mâcon à Saint-Laurent a une inclinaison de rampe ; l'ennemi, en raison sans doute de cette pente, tirait trop haut, ses balles sifflaient sur nos têtes et allaient invariablement s'aplatir contre le mur du Sauvage.

« Mon premier coup de canon n'eut d'autres résultats que de causer une certaine surprise à l'ennemi. Cette surprise ne dura qu'une demi-minute, mais ce temps très court permit aux choses de changer de face.

« En effet, le général arriva ; il s'était engagé dans la rue de Paris, avait tourné par le haut, était parvenu sur la place de l'hôpital, avait ramassé 23 prisonniers sur les marches du nouveau Saint-Vincent et avait massé sa troupe en colonne.

« Précédé de 28 tambours qui faisaient autant de bruit que s'ils eussent conduit toute une division à l'assaut : épouvante de l'ennemi et des Mâconnais. Le général m'apparut, l'aigle à ses côtés, dominant ses fantassins et dévalant la grande rue, le chapeau en bataille.

« Alors, aux cris de : Vive la France ! et de Vive l'Empereur ! sous les balles autrichiennes, tandis que nos tirailleurs, embusqués dans les maisons du quai, voient tomber sous leur feu un maréchal des logis à l'entrée du pont et un capitaine de Blankenstein à la hauteur de la seconde arche, je m'attelai avec quelques-uns de mes hommes à la pièce et la hissai, à la bricole, en plein sur la chaussée ; deux de mes servants, blessés, firent un pas en arrière, puis revinrent à leur rang avec beaucoup de sang-froid.

« Le feu de l'ennemi ne discontinuait pas et la cavalerie se formait pour nous enfoncer ; j'eus la perception très nette que la moindre hésitation pouvait tout compromettre, je dis à Petit : Chargez, je pointerai. » « Petit chargea à mitraille, je pointai, tirai, on rechargea, je repointai et tirai, avançant toujours entre chaque coup. Nos décharges mirent du désordre dans les rangs autrichiens ; la fusillade des nôtres qui nous suivaient de près redoubla d'intensité. Les pelotons de cavalerie se disloquèrent et prirent la fuite. En un instant, l'espace compris entre les parapets et les abords de la rive gauche fut dégagé ; la bayonnette fit le reste.

« Pendant que je déblayais le terrain, les tirailleurs que le général avait envoyés sur le faubourg de la Barre dès notre entrée en ville, remportaient un succès non moins important contre un détachement d'une quarantaine d'hommes commandés par un lieutenant ; de ce côté, en haut du lycée, les Autrichiens avaient, tout d'abord, opposé une vive résistance, mais, dès qu'ils entendirent la fusillade et la canonnade dans la direction de la Saône, ils se sentirent tournés, comprirent que leur retraite allait être coupée et ils se mirent en devoir de se replier vivement sur le pont.

« Et c'est précisément là qu'ils vinrent se heurter aux nôtres : une quinzaine d'entre eux jetèrent leurs armes sur le pavé, les autres entourés, furent désarmés assez facilement.

« Le capitaine, chef d'escadron, cité plus haut, fut victime de son amour fraternel ; il soutint trop longtemps le choc sur le pont en vue de faciliter la retraite du détachement qui descendait de la rue de la Barre et que son frère commandait.

« Ce capitaine des hussards de Blankestein et son maréchal étaient de fort beaux hommes ; on me remit le portefeuille de l'officier, il ne contenait que l'état nominatif des 107 hommes de son escadron, un papier-monnaie de Vienne et une carte portant ce seul nom : « Henriette ». Dans sa bourse se trouvait une vingtaine de louis ; ils furent remis par mes soins à son frère que nous fîmes prisonnier quelques instants après.

« Je dois ajouter, à la honte de ceux qui commirent un pareil acte, que ce capitaine et ce maréchal des logis, tombés raides morts, furent dépouillés à nu et jetés en Saône par la canaille de Saint-Laurent, après que nous eûmes franchi le pont pour continuer la poursuite. J'avais, moi, détourné ma pièce pour qu'elle ne leur passât pas sur le corps et j'avais enjambé avec précaution le cadavre de l'un d'eux ; mon intention était de les relever après l'action, de les faire inhumer et de leur rendre les honneurs.

« Par un bonheur inespéré, nous n'avions aucun tué ; quelques hommes seulement furent légèrement blessés, le grenadier Jacques Bernard, de Tournus, blessé d'un coup de sabre à l'index de la main droite et M. Drain, de Sennecey, d'une balle à la cuisse. 2 chevaux avaient été tués, celui d'un gendarme et celui de M. Bailly, notaire à Saint-Bonnet-de-Joux. »

PERTES DE L'ENNEMI

Quant à l'ennemi, ses pertes avaient été énormes en raison de son effectif : 10 hommes tués dont un capitaine et un maréchal des logis, 37 prisonniers dont un lieutenant et deux sous-officiers, enfin 44 blessés que, d'après des renseignements certains, l'ennemi avait emportés dans sa fuite ; total : 91 hommes hors de combat sur les 420 hommes engagés.

Dans son rapport au général Bubna, le major de Saint-Quentin accuse une perte de 128 hommes, ce qui prouverait que 37 fuyards auraient disparu ; dans ce même rapport, pour excuser sa fuite, il prétend avoir été attaqué par des forces considérables qu'il évalue à 4.000 hommes pourvus d'artillerie [1].

Après l'action, les officiers rentrés à Mâcon profitèrent, le soir
même, du repas préparé pour les officiers autrichiens et, ajoute
Charles Legrand, « il était soigné ».

La défense fut organisée contre tout retour offensif ; un poste
fut établi sur la levée, entre Saint-Laurent et la Madeleine, une
arche de cette levée fut coupée.

Quelle fut, pendant cette journée, l'attitude de la population
de Mâcon ?

« J'ai le regret de dire, écrit Charles Legrand, qu'au lieu de
nous seconder, les Mâconnais firent tout leur possible pour
entraver l'issue de nos entreprises, craignant bien plus pour la
vie des ennemis que pour celle de leurs compatriotes. Ainsi,
au plus fort de la fusillade, un grand nombre d'officiers et de
soldats autrichiens trouvaient asile chez les habitants. Ceux-ci
les recélèrent en attendant qu'à la faveur de la nuit, ils pussent
traverser la rivière par les prairies et rejoindre les leurs sur la
route de Bourg.

« Certes, nous ne demandions pas que les habitants fissent feu
sur eux, mais ils auraient pu, du moins, s'abstenir de faciliter
leur fuite. Nous aurions eu ainsi un nombre plus important de
prisonniers. »

« Avant mon entrée à Mâcon, lisons-nous dans le carnet de
campagne du général Legrand, je comptais sur le dévouement
des habitants. J'espérais qu'ils se réuniraient aux braves qui
m'ont suivi et si bien secondé. J'ai le triste devoir de constater
que j'ai été trompé dans mon attente. C'est avec le plus profond

---

1. Commandant Guironde, *Tournus en 1814-1815*.

regret que je me vois obligé de déclarer que le peuple mâconnais est resté simple spectateur du danger couru par leurs défenseurs, témoin indifférent de la défaite infligée à l'ennemi. »

Pourtant, sur la fin de la journée, alors que les Autrichiens étaient en déroute, une quarantaine d'habitants excités par le colonel Defranc comprirent qu'il était de leur honneur de coopérer à l'action et se décidèrent à passer le pont à la suite des Tournusiens. Mais tout était fini, ils s'établirent dans ce faubourg, paraissant disposés à le défendre : leur belle résolution ne dura pas longtemps car, le lendemain matin, il n'y avait au poste que son commandant, M. Lepage, ancien officier au 16e d'infanterie ; tous ses compagnons d'armes étaient allés bravement se coucher.

Non seulement, pendant le combat, les Mâconnais eurent une attitude passive mais il se passa encore, à ce moment, un fait que l'on a peine à croire et qui se trouve rapporté dans le récit manuscrit d'un témoin oculaire de Tournus.

Alors que, sur la rive gauche de la Saône, la lutte se poursuivait, une partie de la populace, profitant du désordre, se mit à piller les maisons particulières. Une compagnie de Tournusiens, commandée par le capitaine Dugrivel, dut intervenir, et comme elle ne parvenait pas à ramener le calme, elle dut faire appel aux prisonniers autrichiens que l'on venait de faire et leur demanda de coopérer avec elle au rétablissement de l'ordre.

PROCÈS-VERBAL DE CONSTAT

C'est d'ailleurs sans enthousiasme aucun que, dans le registre des délibérations du Conseil municipal, fut consigné le récit de la journée :

« Aujourd'hui, 23 janvier 1814, à 3 heures de l'après-midi, est arrivé le général de Mercey, en tête d'une force armée d'en-

viron 600 hommes, composée des gardes nationaux de Chalon, Tournus, ainsi que des militaires du dépôt du 144ᵉ, ayant
avec eux une pièce d'artillerie et tous armés de fusils, soit de
chasse, soit de munition, et soutenus par 30 hommes de la
gendarmerie du département.

« Aussitôt leur entrée, ils se sont livrés aux mouvements et
aux évolutions militaires, pour repousser les troupes étrangères
qui occupaient la place de Mâcon. Tous leurs avant-postes se
sont repliés sur le pont et à Saint-Laurent. La force française
arrivée à l'embouchure du pont, une fusillade vive et réciproque
s'est engagée et s'est soutenue quelque temps et, au résultat,
les troupes étrangères qui étaient composées de cavalerie et
d'infanterie se sont repliées jusqu'à la Madeleine et de là à
Laumusse, commune de Replonges, après toutefois avoir perdu
trois hommes tués sur le pont par suite de la fusillade et environ 40 hommes faits prisonniers. »

Il est vrai de dire que le général Legrand n'avait rien su faire
pour se reconquérir l'opinion publique et celle de la municipalité. Bien au contraire. Aussitôt après le combat, il fit afficher la
proclamation suivante due à la collaboration de son fils et du
curé du Villars[1] et imprimée d'avance à 300 exemplaires à Chalon
chez Dejussieu, tant il doutait peu du succès de son expédition. Il
n'y cache pas sa façon de voir, et pourtant, à la fin, il essaye d'y
mettre des formes, le brave général !

1. L'abbé Debrun, frère du général Debrun, un héros de la guerre d'Amé-
rique et qui commanda Tournus en 1814. Ce dernier, atteint d'une fluxion de
poitrine, dut être remplacé.

PROCLAMATION DU GÉNÉRAL

« Empire français,

« Le général de Mercey, commandant le département de Saône-et-Loire,

« Aux habitants de Mâcon.

« Je viens, à l'aide d'une poignée de braves, tous vos voisins, vos frères et vos amis, de reprendre sur l'ennemi commun la ville capitale de ce département.

« Certes, un tel ennemi ne pouvait se glorifier d'une pareille conquête puisqu'elle n'appartenait en rien à la valeur de ses armes !

« L'on est convaincu que, si le dépôt de votre propre cité eût été confié au courage, il fût resté aussi intact que l'est encore celui de Tournus et de Chalon. Cependant nous pouvons tous jouir ensemble du succès de cette belle journée.

« Elle va, présentement, rouvrir la communication d'une route, la plus importante de l'empire, puisqu'elle permet à votre commerce de reprendre son cours ordinaire et qu'enfin, elle vient d'affranchir *des hommes libres* de cette avilissante oppression dans laquelle les tenaient des soldats qui, après avoir ravagé nos plus belles contrées, osaient encore proclamer à nos yeux les bienfaits de *leur* paix.

« Je me garderai bien, Messieurs et chers Concitoyens, d'entrer ici dans les complications d'un système politique : un militaire, vous le savez, ne connaît que l'honneur et le devoir. Aussi me paraît-il plus doux et plus essentiel de mettre à profit ce premier mouvement de la victoire, pour vous rassurer, au milieu de l'alarme que le bruit de nos armes aurait pu causer dans vos murs.

« Comme vous, Messieurs, je suis propriétaire ; comme vous, je suis père de famille, je dois donc avoir le même intérêt, et, comme vous, courir après les douceurs du repos. Pour l'acquérir sur tous les points de notre département, il n'est qu'un moyen, croyez-en l'expérience d'un guerrier blanchi sous les armes, c'est de *vous unir pour ne faire qu'une même famille.*

« Pour moi, je n'ambitionne qu'une seule jouissance, celle de continuer à vivre parmi vous ; qu'une seule gloire, celle de vous être utile, en me plaçant à votre tête toutes les fois que vous serez en danger.

« L'élan est donné ! Soutenez la même attitude ; que nos efforts soient communs et notre département, n'en doutez pas, sera sauvé.

« Le général baron de Mercey,

commandant le département de Saône-et-Loire [1]. »

LE GÉNÉRAL LEGRAND A MACON

(23-26 janvier 1814)

LES AUTRICHIENS RENTRENT A MACON LE 26 JANVIER

L'effet produit sur les Mâconnais par la victoire des Tournusiens ne fut donc pas tout-à-fait celui auquel on pouvait s'attendre.

« Après notre victoire, dit M. Bompard, un des combattants de Tournus, nous fûmes bien surpris de la stupeur des habitants de Mâcon et de Saint-Laurent : nous n'éprouvâmes, de leur part, aucune marque d'amitié et de bon voisinage ; toute sympathie avait disparu ou tout au moins se montrait avec des apparences si peu amicales que nous en fûmes affligés. »

---

1. Cette proclamation fut incriminée par Clarke, ministre de la Guerre, sous prétexte qu'il n'y était point fait mention de l'Empereur.

La crainte de voir les Autrichiens revenir en force et exercer
sur eux de terribles représailles terrifiait les habitants à tel point,
raconte un témoin oculaire, « qu'un barbier de Saint-Laurent,
s'entretenant avec ses clients des faits du jour, fut pris d'un tel
tremblement qu'il se trouva contraint d'abandonner une pratique
rasée d'un seul côté ».

Et, pas plus qu'au début du mois, personne n'était là pour faire
comprendre aux Mâconnais leur devoir.

Le général, par sa proclamation, avait indisposé la population.

Le maire, bien qu'il eût voulu, le 24, passer sur le quai la
revue de la garde nationale victorieuse et qu'il eût, pour cette
cérémonie, ceint une épée à son côté, s'opposait, comme auparavant, à l'exécution des mesures de défense ordonnées par le commandant du département.

Le général Legrand l'en accuse formellement, dans le rapport
qu'il adressa au ministre de la Guerre :

« Vous me permettrez de vous dire, avec la loyauté et la franchise qui me caractérisent, que, si mon séjour fut de courte
durée dans cette place, si mes dispositions défensives ne furent
point exécutées assez promptement, si enfin j'éprouvai des obstacles infinis dans mes opérations, je ne dois les entraves qu'aux
autorités civiles et aux dispositions des habitants, dispositions
qui sans doute eussent été plus favorables si elles avaient été
mieux dirigées...

« Malgré mes dispositions ordonnées du moment de mon arrivée, la lenteur, l'insouciance et la mauvaise volonté qui se mani-
festaient de toutes parts étaient cause que rien n'avait obtenu
une entière exécution à l'époque du 25 au soir.

« Je dois vous faire connaître que le maire de Mâcon, loin de
féliciter les braves qui étaient venus délivrer la ville, loin de
paraître chez moi le jour ou le lendemain de mon expédition,

ne vint que le 25 et, d'un ton insolent, me porta plainte, tant
contre moi que contre les habitants de Tournus, me disant que
les gardes nationales se comportaient mal dans leurs logements
et dans les cafés où, soi-disant, ils tenaient propos des injurieux ;
il m'ajouta même que ma proclamation était insultante et que
j'avais indisposé mes troupes contre les habitants. Je lui répondis
que sa plainte était sans fondement et que s'il se fût trouvé en
personne, tant à mon entrée à Mâcon qu'à mon retour, il m'eût
entendu recommander moi-même la discipline à ma troupe,
l'ordre et l'union aux citoyens. Si des paroles un peu vives ont
été échangées, elles ont été provoquées par l'attitude des
Mâconnais, dont lui, maire, est le premier responsable. »

Legrand essayait pourtant envers et contre tous d'organiser la
défense.

Son premier effort fut de reconstituer le bataillon de la garde
nationale : deux fois, il fit appel aux citoyens, harangua le peuple
au nom de l'Empereur, il n'obtint aucun succès. Dans le petit
nombre de ceux qui se présentèrent, 60 hommes de la plus basse
classe, les seuls qui se trouvaient tant bien que mal armés, furent
convoqués au poste de Saint-Laurent. Le rapport du commandant de ce poste fut qu'arrivés à Saint-Laurent, il lui en restait 35.

Ayant appris que, dans les environs, à Igé, il se trouvait
4 pièces de canon de 2 1/2, montées mais dépourvues de tout ce
qu'il fallait pour les servir, il les fit venir et réparer, ainsi que
2 autres pièces sans affût et en fonte, qui étaient chez M. de Pierreclos ; mais, quand il voulut du plomb pour faire couler des boulets, le maire lui déclara qu'il n'y en avait pas dans la ville. Il fut
alors réduit à faire confectionner des boîtes en fer blanc, pour
renfermer la mitraille, pendant que des canonniers, venus de
Chalon, s'occupaient à faire sécher de la poudre avariée qu'il
était parvenu à se faire remettre.

Il donnait enfin l'ordre de couper la chaussée à Saint-Laurent et d'y établir un épaulement pour mettre ses pièces en batterie.

Mais, ses meilleurs, ses seuls auxiliaires, dans cette mise en état de défense, *les Tournusiens*, firent bientôt défaut au général.

« Les gardes nationaux de Tournus, tous pères de famille et qui, à chaque instant, me portaient des plaintes sur les Mâconnais, me firent demander de rentrer chez eux, disant qu'ils avaient délivré Mâcon, que ses habitants devaient se maintenir et qu'outre les occupations qui les appelaient, ils avaient encore l'ennemi à craindre du côté de la Bresse. Un capitaine d'une de leurs compagnies avait abandonné la place ; le découragement et l'inquiétude saisissaient ceux qui restaient. Toutes mes forces, au 25, étaient réduites à mes faibles détachements de troupe et 100 gardes nationaux environ. »

LE GÉNÉRAL LEGRAND SE DÉCIDE A QUITTER MACON

Devant la mauvaise volonté des habitants, le découragement bien compréhensible des Tournusiens, le refus, enfin, du maréchal Augereau, de faire avancer les 300 hommes de ligne qu'il lui demandait, le général Legrand perdit tout espoir de faire quelque chose à Mâcon.

Aussi, quand le 25, au soir, un rapport du commandant de Chalon l'informa que l'ennemi était à Beaune, c'est-à-dire à sept lieues seulement au nord de Chalon et que les habitants réclamaient sa présence, il se décida tout de suite à partir [1].

1. Relativement aux événements du 23 au 26 janvier, nous sommes heureux de pouvoir reproduire le curieux passage ci-après du journal intime de Mme de Lamartine, très infidèlement publié par le poète, sous ce titre : *Le manuscrit de ma mère*. Le manuscrit autographe appartient à Mme L. de Parseval, née de Pierreclos, arrière-petite-fille de Mme de Lamartine, qui a

« La position dans laquelle je me trouve, le danger que Chalon court, tandis qu'aux abords de Mâcon, la tranquillité est parfaite et l'ennemi du côté de Bourg, à distance respectueuse, tout me détermine à me diriger à nouveau sur Chalon avec l'espoir de le préserver de l'invasion.

. « Le 26 janvier, à 1 h. 1/2 du matin, j'ordonne de battre le rappel pour rassembler ma troupe, mais le maire, — toujours lui — empêche le tambour de battre, sous prétexte que l'ordre écrit du commandant de place que j'avais désigné ne lui suffit pas et qu'il lui faut le mien.

bien voulu laisser prendre copie de ce passage par notre honoré confrère, notre vice-doyen et ancien Président, M. le Dr Biot.

« Dimanche, 20 février 1814.

« Voici à peu près ce qui est arrivé depuis le 16 janvier, le dernier jour où j'ai écrit, c'était un dimanche.

« La semaine s'est passée dans l'état dont je rendais compte ; le dimanche suivant 23, le matin, tout paraissait paisible, il faisait un froid très vif, il y avait beaucoup de neige, il ne paraissait pas possible qu'on songeât à faire aucun mouvement de part ni d'autre.

« J'allais à vêpres avec mes enfants, lorsqu'on me dit au milieu de la rue : Madame, rentrez chez vous, on se bat à Saint-Antoine, qui est le faubourg de la ville du côté de Chalon. Je ne pouvais le croire ; cependant je rentrai très promptement. Je ne fus pas chez moi qu'effectivement nous entendîmes un grand mouvement, les uns se fermaient chez eux, les autres couraient avec effroi : l'on entendait le bruit du canon et des coups de fusil, c'était le *général Legrand* qui arrivait avec quelques troupes, et des gens de bonne volonté de Tournus et des campagnes. Les Autrichiens furent surpris, on tua la première sentinelle, puis, au passage du pont, un officier, quelques soldats dont on jeta les corps dans la rivière, ce dont tous les honnêtes gens ont été très affligés, car, dans tous les cas, on doit du respect aux morts : ce sont des mauvais sujets du peuple d'ici qui ont fait cette horreur, d'autant plus grande que l'on assure que l'officier n'était pas tout-à-fait mort. Nous fûmes, comme de raison, très effrayés. Le général Legrand et sa troupe restèrent ici. Le lendemain, il fit venir les canons : il y en avait chez M. de Pierreclos, on

« J'observe que, dans la position où je me trouvais, je n'avais
pas assez de monde pour me donner une garde; mes hommes
étaient aux avant-postes. Toutefois, une sentinelle mâconnaise
était de faction à ma porte et avait, à mon insu, la consigne de
ne laisser entrer personne.

« Cette consigne a causé d'autant plus d'étonnement aux officiers qui se sont présentés qu'ils ne pouvaient pas supposer que
cet ordre vînt d'un autre que de moi.

« Entre une 1 h. 1/2 et 2 heures du matin, j'envoyai mon
aide-de-camp ordonner à la gendarmerie de brider les chevaux.
Quelle ne fut pas sa surprise quand il trouva, à 20 pas de ma
porte, un détachement de 12 ou 14 bourgeois de Mâcon, armés
et se dirigeant du côté de mon logis. Le peu d'assurance, l'étonnement que cette patrouille manifesta à sa vue lui donnèrent à
supposer qu'aucun ordre de service ne commandait à ces gens
leur expédition nocturne [1].

trouva aussi ceux de M. de Morangié, héritier de M. d'Igé, ils étaient cachés
dans un foudre, on les amena en grande pompe; mais, la nuit d'après, je ne
sais quelle inquiétude prit le général Legrand, mais il partit subitement, avec
tous ceux qui l'avaient accompagné. Il cacha les canons de M. de Pierreclos, il
emmena ceux de M. de Morangié; tout cela se passa dans la cour à côté de
chez moi, les voitures sous une voûte contre laquelle mon lit est appuyé, et je
n'entendis rien. Le lendemain on m'apprit cela avec effroy, on ne savait ce
que cela présageait, on pensait bien que c'était le retour des Autrichiens et on
craignait de les voir arriver fort en colère et fort disposés à se venger sur la
ville et sur ses habitants ».

[Suivent quelques lignes sur un dépôt de poudre que le général Legrand
avait constitué dans la maison à côté de celle de Mme de Lamartine, qui habitait
alors la maison portant actuellement le n° 15 de la rue Lamartine, où se
trouve l'étude de notre confrère et trésorier, Me Gautheron].

1. « Cette patrouille, envoyée par le Maire, avait pour mission de s'emparer
du général, pour le livrer aux Autrichiens dès que ceux-ci reparaîtraient et peut-
être même sans attendre leur retour, de le leur conduire à Bourg, à titre
d'amende honorable et pour gagner leurs bonnes grâces. — Cette manœuvre
abominable fut déjouée par son aide-de-camp; c'était moi. — Dès qu'ils m'ap-

« Les gendarmes ne tardèrent pas à arriver ; je me fis escorter jusqu'à la sortie de la ville sur la route de Chalon, où mes hommes se mirent en ordre de marche.

« Des chevaux avaient été commandés pour emmener mes cinq petits canons montés ; au moment où on les attelait, quantité de bourgeois armés et qui s'étaient cachés le jour du combat, apparurent soudain, envoyés par le maire pour empêcher mes soldats d'enlever leurs pièces. Mais le détachement du 144ᵉ tint bon, exécuta mes ordres à la lettre et permit la mise en route sans la moindre rixe. La crainte des représailles était telle qu'un petit groupe de citoyens mâconnais qui avaient suivi mes troupes dans la soirée du 23 demandèrent à me suivre hors de leurs foyers [1].

« J'opérai aussitôt ma retraite. L'ordre fut parfait et j'atteignis ce même jour, 26 janvier, la place de Chalon avec mon artillerie et mes troupes qui fournirent ainsi 59 kilomètres en une étape de 13 heures, coupée par une seule grand-halte, celle de Tournus, où nous passâmes vers 10 heures du matin. »

« Les Tournusiens, dit Louis Bidat, rentrèrent chez eux l'âme ulcérée, l'air abattu et cependant ils étaient vainqueurs. »

Comme le 12 janvier, la municipalité essaie de rejeter sur le

perçurent, en compagnie du capitaine Delesque, son officier d'ordonnance, les conspirateurs battirent précipitamment en retraite. Delesque se chargea de les surveiller, tandis que je me rendais à l'hôtel-de-ville où je fis garder à vue, par 4 gendarmes, l'employé de mairie que j'avais reconnu à la tête des émissaires du sieur Bonne...

« Plus tard, certains Mâconnais, Bonne en tête, prétendirent que le général Legrand n'avait fait l'expédition de Mâcon que pour « sauver son or », ils le croyaient donc bien riche ou bien avare ? » (Ch. Et. Legrand.)

1. Il y en avait une demi-douzaine, parmi lesquels on peut citer Jean-Baptiste Piot et Courtois, qui s'étaient particulièrement bien conduits pendant le combat de Mâcon. (Commandant Guironde.)

général Legrand la responsabilité de la rentrée des Autrichiens à Mâcon, elle l'accuse de la laisser désemparée en face de l'ennemi et elle proteste de ses bonnes intentions.

Voici, en effet, le procès-verbal rédigé aussitôt, sur le « *départ nocturne de la force française et du général*[1] ».

« Aujourd'hui, 26 janvier 1814, à une heure du matin, le rappel a été battu dans toute la ville par les ordres du général de Mercey, sans avoir daigné en donner avis ni en fournir les causes à l'autorité administrative. Ce rappel a eu pour objet de réunir immédiatement toute la force publique qu'il avait amenée le 23 sur le quai du Midi.

« La réunion de cette force effectuée, M. le Général est parti de suite, avec elle, de la ville de Mâcon, on peut dire furtivement, emmenant avec lui les 4 pièces de canon qu'il avait envoyé chercher la veille à la campagne de M. d'Igé[2].

« En ce qui concerne les deux petites pièces qu'il avait également fait enlever chez M. de Pierreclos et placer dans la cour de son habitation, elles ont été par lui laissées sur place, après néanmoins les avoir fait enclouer[3].

« Il est parti en poste; la force publique qu'il avait amenée a évacué sur-le-champ, d'après ses ordres, et la ville de Mâcon est restée dans la position fâcheuse où elle se trouvait le 12 du courant.

« M. le Général et sa force se sont dirigés sur Tournus et Chalon, toujours sans en prévenir l'autorité administrative,

1. Registre des délibérations du Conseil municipal. Archives de la ville.
2. Elles avaient été placées sur le quai et confiées à la garde d'une section de la garde nationale de Mâcon.
3. Le général devait craindre, et non sans raison, qu'aussitôt après son départ elles tombassent aux mains des Autrichiens.

ce qui a jeté la ville dans l'alarme, dans un état désespérant de tristesse et de consternation...

« Le général a requis à la poste tous les chevaux et les postillons, il les a emmenés avec lui, et il a placé un planton, pour empêcher qu'il en fût fourni à d'autres qu'à sa personne.

« Le commandant de place venait aussi de partir, le maire lui a fait courir après l'espace de plus qu'un quart de lieu ; on n'a pu l'atteindre.

« Le conseil municipal décide que, comme les communications sont interrompues entre Dijon et Mâcon, et qu'on ne peut consulter le général commandant la 18e division sur notre malheureuse position, M. le Maire est invité à en faire part à Mgr le duc de Castiglione, maréchal de l'Empire, actuellement à Lyon, et de le prier de vouloir bien lui tracer la manière dont on doit se conduire dans une circonstance aussi critique. »

Le conseil municipal pouvait être bien tranquille, il n'avait pas à craindre qu'Augereau lui ordonnât la résistance : à ce moment même, l'ennemi qui avait dû être rapidement renseigné sur le départ de Legrand et de sa troupe, se présentait devant la ville et comme personne ne connaissait « la manière dont on doit se conduire dans une circonstance aussi critique », on le laissa entrer.

RENTRÉE DES AUTRICHIENS

« Aujourd'hui, 26 janvier 1814, à 3 heures de l'après-midi, un détachement de l'armée autrichienne, composé de cavalerie et d'infanterie, s'est présenté à l'entrée du pont, du côté de Saint-Laurent, où il a parlé à M. le maire du lieu. Il s'est

ensuite rendu jusqu'à l'embouchure du même pont, du côté
de Mâcon, d'où un officier commandant le détachement a fait
parvenir au maire de la ville l'avis que le corps d'armée qui
allait rentrer tant à Saint-Laurent qu'à Mâcon était campé à
Replonges et qu'au nom de cette armée, sommation était faite,
tant au maire de Saint-Laurent qu'à celui de cette ville, qu'ils
aient à s'entendre, afin que les redoutes et autres travaux militaires, qui avaient été pratiqués sur la levée depuis la journée
du 23, fussent détruits dans le délai de 8 heures et ladite levée
réparée et mise dans le même état qu'elle était avant l'entreprise, avec déclaration expresse qu'à défaut, le bourg de Saint-
Laurent et la ville seraient rigoureusement attaqués et subi-
raient toutes les rigueurs du droit de la guerre : immédiatement ce
détachement s'est retiré de Saint-Laurent.

« Sur quoi, le Maire de Mâcon, considérant que, dans un
tel moment de crise, comme dans la fâcheuse position où se
trouvait le Maire, la sagesse et la prudence lui prescrivaient
l'obligation de céder à la force, pour garantir la ville du fléau
de la guerre et les citoyens de la vengeance de l'ennemi ;
pourquoi, déterminé par toutes ces considérations, il a décidé,
de l'avis du Conseil municipal consulté, que pour ce qui con-
cernait la ville de Mâcon, les travaux pratiqués sur la levée
seraient détruits dans le délai fixé par l'armée autrichienne,
les choses rétablies dans le même état, et que tout ordre nécessaire serait donné à l'instant même aux ouvriers, pour qu'ils
aient à se porter sur les lieux, avec pelles, pioches et autres
outils convenables, ce qui a été exécuté.

« Dont procès-verbal [1]. »

Suivent 53 signatures des conseillers municipaux, des officiers
de la cohorte urbaine, sous-officiers et principaux citoyens.

---

1. Archives municipales. Registre des délibérations.

Les Autrichiens, semble-t-il, eurent quelque peine à se rendre à l'évidence d'un succès aussi facile. L'absence totale de toute défense dut leur inspirer quelque défiance et leur faire craindre une embûche : pendant plusieurs jours, ils restent à Saint-Laurent sur la défensive et ce n'est que [1] « le 29, à trois heures de l'après-midi, que les troupes étrangères qui campaient tant à Saint-Laurent qu'à la Madeleine et Laumusse ont traversé le pont de Mâcon et se sont portés sur les principales routes de Tournus, Villefranche, Cluny et Charolles où elles ont établi des postes avancés, tant en cavalerie qu'en infanterie.

« Mais elles se sont immédiatement retirées pour se rendre à Saint-Laurent ; la masse de leur force est restée dans ladite commune de Saint-Laurent avec deux pièces d'artillerie, dirigées ou plutôt fixées de l'embouchure du pont de Saint-Laurent sur la ville de Mâcon. »

Et pourtant les Autrichiens n'avaient rien à craindre, car, en style pompeux, le Maire commandait le calme à ses administrés :

« Mâcon, le 30 janvier 1814 [2].

    « Mâconnais,

« Calmez vos alarmes, l'événement que vous avez craint pouvoir enfanter des maux incalculables a été isolé par M. le Commandant des troupes alliées, et vous n'avez rien à perdre à ses yeux de votre loyauté et de votre franchise. Vos magistrats en ont reçu sa parole d'honneur : leur bonheur est de répandre le baume consolateur dans toutes les familles.

« Mais en même temps ne devons-nous pas fixer nos pensées sur l'avenir. Rappelez-vous qu'il n'y a que ce que l'honneur

1. Archives municipales. Registre des délibérations.
2. Archives municipales. Registre des proclamations.

avoue, que ce que la conférence approuve, qui doivent régler vos actions. Songez que vous ne conserverez du repos à vos femmes que par votre prudence et votre confiance dans vos magistrats. Le méchant seul calcule froidement, dans des vues criminelles, les malheurs de son pays. Habitants paisibles, éclairez-le ou séparez-vous de lui : vous n'avez avec nous qu'une même pensée ; traversons, avec courage et fermeté, l'orage que nous n'avons pu conjurer et laissons au temps le soin de nous juger. »

Au travers de la phraséologie touffue et ampoulée de cette proclamation, on croit discerner un vague remords, un besoin de justification de la conduite tenue.

C'est que, précisément ce 30 janvier, le n° 25 du *Journal de Paris* parvenu par hasard dans la soirée, dénonçait à l'opinion publique la ville de Mâcon « vêtue des couleurs de la lâcheté et de l'ignominie ». On y lisait que Bonne « trahissant la confiance publique, avait laissé occuper le pont de la Saône par cinquante hommes ennemis ».

Le Maire n'est pas tranquille sur les suites de cette aventure ; l'invasion n'aura qu'un temps. Qu'adviendra-t-il de lui et de sa ville quand les alliés seront partis ? Comment les jugera-t-on ?

Aussi, écrit-il tout de suite au Ministre des Affaires extérieures pour se justifier [1].

« Monseigneur,

« Nous pourrions aussi recourir aux journaux pour repousser la calomnie par les mêmes armes qu'elle a employées, mais c'est à la justice de V. E. que nous devons nous adresser. Je n'occuperai pas même vos moments précieux par des détails

1. Archives municipales. Registre de correspondance.

dont le rapprochement démasquerait bientôt les vrais motifs
de l'injure hasardée contre une ville privée de tous moyens
de défense, abandonnée de toutes les autorités civiles et militaires et judiciaires, dans la nuit qui a précédé son envahisse-
ment, et livrée à toutes les craintes d'un ennemi dont le canon
avait la veille soumis la ville de Bourg et contre lequel il ne
nous restait que l'attitude de la douleur et de la résigna-
tion.

« Ma pensée est toute à mon pays ; je ne cesserai de lui consacrer toutes mes forces et j'attendrai tout de votre justice.

« Je laisse à l'anonyme les armes des journaux. »

Disons, dès maintenant, que, dans l'avenir, Mâcon, non seulement justifiera son attitude au cours de ces événements mais
encore s'en autorisera pour réclamer, en sa faveur, de Louis XVIII
ou Napoléon indistinctement, la solution de la question sans
cesse reprise de Mâcon ou Chalon, chef-lieu de Saône-et-
Loire.

Le 22 juillet 1814, la municipalité expose au Préfet que[1]
« Chalon, retranchée derrière une prétendue défense contre l'invasion alliée, défense qui s'est modestement réduite à ouvrir
les palissades, sans brûler une amorce, calculait déjà pour
récompense de sa valeur, notre spoliation qu'elle était fière
d'obtenir de la vengeance du Tyran, en punition de notre
attachement aux Bourbons. Les Chalonnais ont pu croire,
malgré les événements qui nous ont jugés, qu'ils obtiendraient
du souverain légitime, que nous avons proclamé avant les
deux-tiers de la France, une récompense qu'ils ne devaient
tenir que de l'oppresseur. »

Et lorsque, en mars 1815, l'oppresseur sera revenu, comme

1. Archives municipales. Registre de correspondance.

Chalon renouvellera « ses prétentions, en se fondant sur les bienfaits que le peuple français attend du retour heureux de S. M.
l'Empereur » ; comme, d'autre part, « les précautions sont les
armes à déployer contre l'intrigue [1] », Mâcon enverra à Napoléon une députation [2] ; elle lui dira que la ville « compte sur ses
vues bienfaisantes et particulièrement encore sur son génie
et sa sagesse... », et elle lui fera valoir sans doute que, si elle
s'est rendue aux alliées en 1814, c'était pour lui « conserver
une population de 11.000 âmes, en état de lui être utile, par
cela même qu'elle n'aura pas été froissée par les violences de
l'ennemi [3] ».

L'OCCUPATION AUTRICHIENNE

Quel qu'ait été l'empressement des Mâconnais à ouvrir leurs
portes aux Autrichiens dans l'espoir d'éviter les horreurs de la
guerre, les alliés s'installent chez eux en pays conquis. La justice immanente voulut qu'ils fussent traités en vaincus et peut-
être encore avec moins d'égards que Tournus et Chalon qui
avaient résisté [4].

Mesures rigoureuses de police, désarmement, réquisitions
impitoyables, rien ne leur fut épargné.

1. Délibérations du Conseil municipal.

2. Brunet-Bruys. maire; Maire, Febvre, Bourdon, Canard, conseillers municipaux ; Delahante, receveur général du département. Ils sont envoyés auprès
du Ministre de l'Intérieur, 31 mars 1815.

3. Délibération du Conseil municipal, 12 janvier 1814.

4. Quand Tournus dut capituler le 6 février, le commandant de place
Charles Bidat obtint du major Saint-Quentin (celui que les Tournusiens avaient
chassé de Mâcon) l'autorisation de conserver cent hommes sous les armes
pour le service de la police.

N'est-ce pas un hommage éclatant rendu par l'ennemi à la valeur et à la
bravoure des Tournusiens ? (Guironde, p. 43).

CHARLES BIDAT
(1770-1855)
Chef de bataillon
Commandant la place de Tournus en 1814
(D'après un portrait du temps, conservé à Tournus)

La ville que les troupes françaises n'avaient pas mise, à tort, en état de siège, le fut par l'ennemi.

C'est ainsi que les citoyens sont prévenus que, sous peine d'exécution militaire [1] « passé 6 heures du soir, il leur est défendu de se rendre de Mâcon à Saint-Laurent sans en avoir obtenu la permission de M. le Commandant des troupes alliées.

« Les propriétaires des maisons où il y a des allées sont tenus de fermer leurs portes à 6 heures du soir très précises. »

·A peine entré dans Mâcon, le 30 janvier, le comte de Saint-Quentin donne l'ordre « de déposer dans la cour de la mairie toutes les armes existant dans les mains des citoyens autres que ceux qui composent la cohorte ». Le général Legrand avait bien eu raison de faire enclouer les deux canons.

Le 4 février, sur l'ordre du colonel-commandant l'avant-garde de l'armée autrichienne stationnée à Saint-Laurent, « le Maire invite tous les citoyens de la ville, se promenant ou vaquant à leurs affaires, de se dispenser de stationner vis-à-vis du pont, sous quelque prétexte que ce soit, afin de ne laisser aux factionnaires aucune inquiétude sur leur sécurité et aux citoyens de Mâcon aucun sujet de danger ou de suspicion [2].

Le 14 février, en conséquence de l'ordre du général Scheiter et de l'arrivée du préfet par intérim, Aubel, le Maire fait savoir que « le désarmement comprend non seulement les fusils, mais encore les sabres, épées et pistolets, et que les armuriers sont compris dans cet ordre. »

Comme Scheiter trouve que les armes apportées ne sont pas en nombre suffisant, il sera procédé à une visite domiciliaire : et ce sont les pompiers de la ville qui font, dans les casernes, cette

1. Délibération du Conseil municipal, 30 janvier.
2. Archives municipales. Registre des proclamations et publications.

opération dont, le jour même, la municipalité rend compte au général.

« Il était, d'ailleurs, des gens qui instruisaient les troupes alliées de tout ce qui s'était passé et se passait à Mâcon », de sorte que les Autrichiens ont pu enlever toutes les armes qui se trouvaient dans la ville. « Ces armes ont été chargées sur des voitures et emmenées à Bourg d'où, croit-on, elles ont été transportées plus loin pour en faire l'objet d'une propriété de conquête [1]. »

Le 16 février, les officiers retraités qui se trouvent dans ·la ville doivent en faire la déclaration écrite au général des troupes alliées.

RÉQUISITIONS

C'est surtout du fait des réquisitions qui furent levées pendant de longs mois sur la ville comme sur tout le département que les Mâconnais eurent à souffrir.

Le pays était épuisé par deux mauvaises récoltes successives, par l'absence de tous les jeunes agriculteurs appelés au service des armées, enfin par la cessation complète des affaires : il n'en fallait pas moins passer par les exigences de l'ennemi. Les monceaux de liasses de réquisitions qui remplissent des rayons entiers, aux Archives départementales, témoignent que ces exigences furent écrasantes.

On dut, d'abord, pourvoir à l'entretien des troupes stationnées dans la ville. Dès le 14 janvier, le comte de Saint-Quentin fixe la ration à fournir chaque jour, par homme [2] :

A 7 heures du matin : 1/2 verre d'eau de vie et un morceau de

1. Archives municipales. Registre de correspondance, 7 juillet 1814.
2. Archives municipales. Proclamations. Arrêtés des Maires.

pain ; à midi la soupe, un morceau de viande ou de lard, un plat de légumes et une bouteille de vin ; à 5 heures du soir, de la viande, du pain et encore une bouteille de vin. (On est en Bourgogne, il faut bien en profiter.)

Par cheval : 20 livres de foin, 15 de paille et 9 d'avoine.

Outre ces *réquisitions permanentes,* nous en voyons sans cesse lever *d'autres extraordinaires.*

Le 7 février, par exemple, ce sont 30.000 rations de pain, viande, fourrages et avoine à livrer à Chalon, sous peine d'exécution militaire.

Le maire a beau exprimer au comte de Saint-Quentin la crainte que, devant l'énormité de cette réquisition, « son peuple bon et paisible, dont les sentiments vont jusqu'à la reconnaissance pour les égards dont vous et vos troupes l'avez accueilli », ne se livre par désespoir à des actes regrettables : il doit s'exécuter.

Et c'est le *gaspillage.*

Le 10 février, on délivre 2.961 rations d'avoine, alors que le 9 on n'en avait délivré que 1.486 ; le Maire réclame, — il doit y avoir un rappel à l'ordre de l'autorité supérieure, car, le 11, les alliés ne touchent que 1.816 rations [1].

Outre les réquisitions en nature, nous en trouverons aussi *en argent* : le 12 février 1814, un arrêté du préfet par intérim « prescrit qu'il sera fait un rôle de répartition de 8.000 livres sur 50 citoyens, somme destinée à payer les indemnités dues aux officiers des troupes alliées, d'après les ordres impératifs donnés par le général en chef [2]. »

---

1. Archives municipales. Cahier de correspondance.
2. Archives municipales. Arrêtés de la mairie.

Les alliés sont sans pitié : le 17 février, la municipalité constate qu'il a été fourni, depuis le 12 janvier, 5.833 doubles déca-
litres d'avoine et 148.530 quintaux de foin, — et pourtant le
malheureux Bonne fait tout ce qu'il peut pour les satisfaire.
« Général, écrit-il, le 11 février, je vois avec peine que le
service ordonné ne soit pas fait (*sic*) selon vos désirs. — Il
ne tiendra ni à mon zèle, ni à mon activité si vous n'êtes pas
satisfait. Les ressources de cette ville ne répondent pas à mes
vœux ni à ceux des citoyens, veuillez en être convaincu. »

Il s'adresse en même temps au maire de Saint-Laurent pour
qu'il « concerte, avec le commandant des troupes alliées, les
mesures de confiance et de persuasion nécessaires à lever la
crainte des cultivateurs, pour qu'ils se rendent au marché
comme en d'autres temps. »

C'est en vain : les réquisitions succèdent aux réquisitions et le
malheureux maire s'écrie désespéré : « En vérité, j'ai la fièvre sur
les suites de cette pénurie ! »

Et s'il n'y avait que les réquisitions : mais, partout, « les alliés
pillent, violent, volent, brisent, brûlent[1]. » Pour se faire une
idée de l'état de misère du pays et des excès commis, il faut par-
courir les réclamations qui, par centaines, arrivèrent à la préfecture, après le départ des alliés.

Jean Dumont, domicilié à Charnay, près l'église, expose que[2] « âgé
de 69 ans, père de 3 enfants, tant eux, leur mère aussi âgée
et lui, ont été en proie à la brutalité et aux mauvais traite-
ments des troupes étrangères... que 2 têtes de bétail qui com-
posaient son étable ont été enlevées, tuées et dépecées à ses
yeux... que la soldatesque, par l'effet de son campement

---

1. Manuscrit de Louis Ducray, contemporain, habitant de Chaintré.
2. Archives départementales. Réquisitions militaires, 1814.

établi à son domicile, lui a bu, enlevé et pris 80 pièces de vin dont 15 de 1811..., qu'elle lui a brûlé 500 tonneaux neufs, 150 feuillettes neuves, un millier de marchandises dolées (*sic*), des ambres, des cercles et autres pièces de bois et notamment les ustensiles de son pressoir, lui ayant découvert trois pièces d'appartement pour en avoir les bois qui ont été aussi brûlés..., qu'il a perdu son mobilier dans sa totalité, au point qu'il ne lui est pas resté de quoi se vêtir, lui et sa malheureuse famille. »

Étienne Garnier, propriétaire à Levigny, fait savoir que « par réquisition signée du maire et de l'adjoint de la commune, il fournit pour conduire à Belleville un major des troupes des hautes puissances alliées, une jument et des harnais pour l'atteler à la voiture..., qu'il s'empressa d'obéir à la réquisition et depuis n'a plus vu ni ladite jument et les harnais. »

Le maire de Saint-Albain, Moreau, se plaint « qu'il se trouve très malheureux pour le passage des troupes. Ils veulent absolument que je leur donne des billets de rafraîchissement et à 2 heures après-midi des billets de logement, ou bien ils font du train jusqu'à escalader dessus les murs et courent après ma femme et ma belle-fille à coups de sabre... Il faut un prompt remède ou il faut que je ferme ma porte et m'en aille. »

Toutefois, d'une façon générale, les Autrichiens se montrèrent plus humains que leurs alliés, les Cosaques et les Prussiens dont, dans *1814*, Henri Houssaye, a dépeint les sévices et les cruautés d'une manière saisissante. Ils n'en laissèrent pas moins à demi-ruinée la ville qui les avait si bien accueillis.

Et dire que pour conserver « la tranquillité, ce premier bien des familles », Mâcon avait tout sacrifié.

COMBAT DU 19 FÉVRIER 1814

Après une timide et infructueuse tentative sur Lyon le 19 janvier, Bubna était resté immobile, tenant une avant-garde à Montluel et occupant, avec le gros de ses trois brigades, Meximieux, Pont-d'Ain, Bourg et Mâcon.

De son côté, Augereau demeurait dans l'expectative ; ce n'était pas, d'ailleurs, avec les 2.761 hommes dont se composait son armée, à la fin de janvier, qu'il pouvait prendre l'offensive, et puis, il n'avait pas, comme Napoléon, le feu sacré.

L'Empereur, pourtant, comptait sur une coopération active et vigoureuse de l'armée de Lyon, qu'il destinait à une diversion puissante. Aussi, presse-t-il le duc de Castiglione d'en hâter la formation et d'entrer en campagne. A partir de février, ses ordres se succèdent, de plus en plus catégoriques : le 10, il a battu l'ennemi à Champaubert, cette victoire a ranimé ses espérances ; il s'impatiente des retards d'Augereau.

Par son ordre, le duc de Feltre lui écrit le 12 [1] :

« M. de Bubna ne paraît pas disposer de plus de 16.000 hommes, extrêmement disséminés. Ce qui est essentiel en ce moment, c'est de pousser vigoureusement l'ennemi, particulièrement *le long de la Saône*, pour rentrer à Mâcon et Chalon et menacer la gauche et les derrières des corps qui sont à Dijon et Besançon. Le mouvement bien dirigé peut avoir une influence décisive sur les opérations de la Grande Armée et faire une diversion utile en faveur de l'Empereur. »

Malgré les instructions les plus détaillées, les injonctions les

1. Archives de la Guerre, AF⁴ 1669.

plus formelles, qui chaque jour lui arrivent du ministère, Augereau ne se décide à agir que le 17 février, quand, par l'arrivée de la division de Catalogne, l'armée de Lyon est définitivement constituée.

Mais, si le plan qu'il adopta ne transgressait pas la lettre de ses instructions, il en méconnaissait totalement l'esprit. Puisqu'il lui était prescrit de pousser l'ennemi le long de la Saône, c'était avec toutes ses forces qu'il devait s'efforcer d'atteindre ce résultat. Or, il opéra sur deux colonnes, l'une sur la rive droite de la Saône, l'autre au pied ou au travers du Jura ; c'était faire la partie belle à Bubna, maître d'écraser l'une ou l'autre.

Le 17 février, Augereau ordonne donc à l'une de ses divisions, général Musnier, de se porter sur Meximieux, Pont-d'Ain et Bourg.

Le même jour, il prescrit à la division du général Pannetier de partir de Lyon, le 18, à 6 heures du matin, pour se porter sur Villefranche, balayer les bords de la Saône, s'emparer de Mâcon et entrer immédiatement en communication avec le général Musnier.

C'est cette division Pannetier qui, le 19 février, vint se heurter à Mâcon contre les troupes du corps de Bubna qui occupaient la ville et que commandait le général de brigade Scheiter.

Dans le compte rendu qu'il envoya à Clarke, Augereau évalua à 3.000 hommes ces forces ennemies. Ce chiffre est évidemment exagéré, la brigade Scheiter chargée par Bubna d'occuper Mâcon, Tournus, Cluny, Chalon ne comptait pas 3.000 hommes, encore moins pouvait-elle les mettre en ligne à Mâcon.

Le 9 février cependant, elle avait concentré à Mâcon la plus grande partie de ses forces : 5ᵉ bataillon de chasseurs, 4ᵉ dragons de Wurtzbourg, hussards Kaiser, chevau-légers Vincent, soit environ 2.300 hommes seulement.

La composition de la division Pannetier était la suivante (d'après Du Casse).

ÉTAT-MAJOR

Général commandant la division, Pannetier ; Dauphin, capitaine aide-de-camp.

Général commandant la 1re brigade, Gudin ; Lafeuille, capitaine.

Général commandant la 2e brigade, Estève ; Maux, lieutenant.

Chef d'état-major, Vigier, adjudant-commandant.

Commandant l'artillerie de la division, Hazard, colonel.

INFANTERIE

Bataillons	Colonels	Officiers	Sous-officiers et soldats	Hommes aux hôpitaux
1er et 2e du 7e de ligne, S. Bougault		41	1149	452
1er et 2e du 16e de ligne, Lamothe		43	1165	139
1er et 2e du 23e léger, Peyrès		44	993	88
1er et 2e du 1er léger, Pillet		38	1268	185

ARTILLERIE

1 compagnie du 3e d'artillerie légère	2	94	

CAVALERIE

On adjoint à la division le 13e cuirassiers [1].

Colonel Bigarrie 35 of. 627 h. 659 chevaux

Le 19 février au matin, le 13e cuirassiers débusquait, de Pontanevaux, les avant-postes ennemis, des chasseurs tyroliens. C'est là que fut tué le commandant Scarampi de Monale [2], « l'un des officiers les plus braves et les plus remarquables du régiment ».

1. Ce régiment était parti de Catalogne le 3 février et arrivé à Lyon le 16. Suchet, en annonçant au ministre le départ du 13e cuirassiers, dit : « Ce départ sera célébré en Catalogne comme un jour de fête et toute la cavalerie ennemie se croira de nouveau invincible. »

2. Né à Asti, le 13 janvier 1779, Raymond Scarampi de Monale servait dans les troupes piémontaises, lorsqu'elles furent incorporées dans l'armée française, en Italie, en 1799. Il fit les campagnes d'Italie, de la Grande Armée et d'Espagne.

Puis la colonne avança, refoulant l'ennemi qui, sauf à Saint-Clément, près des Bruyères de Charnay, où il tint quelque temps et blessa quelques-uns de nos hommes, n'offrit pas une longue résistance à notre supériorité numérique. Il essaya aussi de défendre la partie nord de la ville, le faubourg Saint-Antoine, mais il dut rapidement céder et se replier précipitamment sur Tournus et Chalon.

L'ennemi perdit 84 prisonniers, 8 hommes tués et 12 blessés.

Indépendamment du commandant Scarampi, tué au début de la journée, nous n'eûmes que 3 tués : les cuirassiers Delvart, Ernest et Carmane, et 4 blessés, dont un, le cavalier Hervey, mourut à l'hôpital de Mâcon le 31 mars suivant.

Nous trouvons, dans le registre des arrêtés de la mairie [1], un exposé très détaillé, sinon très clair, des opérations de cette journée.

« Aujourd'hui 22 février 1814, le Maire de la ville de Mâcon constate qu'à l'heure de midi, du 19 de ce mois, les troupes militaires qui occupaient cette ville ont fait des mouvements militaires qui annonçaient une affaire ; la cavalerie, l'infanterie, tout le train d'artillerie, M. le Général et son état-major se sont portés en avant, sur la route de Mâcon à Lyon, et à la distance d'environ deux lieues, où ils ont rencontré des troupes françaises qui venaient de Lyon, composées d'un régiment de cavalerie (cuirassiers) et d'infanterie, fortes d'environ 6.000 hommes, ayant six pièces d'artillerie et le train nécessaire.

C'était, dit son colonel, l'un des plus beaux hommes des armées, distingué au moral comme au physique ; il possédait toutes les vertus de l'homme de bien et toutes les qualités de l'homme de guerre. Il fut inhumé solennellement le 20 février 1814 au cimetière de Mâcon où les officiers de son régiment lui firent élever une tombe toujours bien entretenue et dont les inscriptions demeurent encore fort visibles (Georges Bertin). — *Annales de l'Académie de Mâcon*, 3ᵉ série, t. XIII, 1908.

1. Archives municipales.

« Une attaque a eu lieu au point de la rencontre : une bataille
réglée s'est engagée et s'est prolongée, les troupes françaises
poussant l'ennemi jusque sur le territoire de la commune de
Saint-Clément, d'où l'on entendait, en ville, les canonnades qui
paraissaient très respectives.

« Il était 2 heures, lorsque toute la cavalerie ennemie s'est
repliée en ville, longeant les quais jusqu'à Saint-Antoine et
emmenant 2 pièces d'artillerie sur le nombre de 6 qu'elle avait
également. Ces 2 pièces furent fixées sur le bastion.

« On a remarqué que 4 avaient été laissées à Saint-Clément,
pour résister aux troupes françaises, ainsi que toute l'infanterie
ennemie.

« Les décharges d'artillerie retentissaient encore plus de Saint-
Clément à Mâcon, et peu de temps après, ont succédé des fusil-
lades, jusqu'à l'entrée de la ville du midi au nord.

« M. le Général autrichien, son infanterie, ses 4 pièces et
un fort détachement de cavalerie, se repliant en battant en
retraite, y sont rentrés par la rue de Bourgneuf (rue de Lyon)
en suivant toutes les autres rues jusqu'à Saint-Antoine où ils
se sont de nouveau rangés en bataille et mis sur la défensive.

« Les troupes françaises, qui s'étaient divisées par tous les
faux-fuyants, arrivèrent presque aussitôt au faubourg Saint-
Antoine où une nouvelle affaire s'engagea. On entendit encore
des canonnades dans cette partie de la ville ainsi que des feux
de file par pelotons.

« Il était alors 4 heures du soir. Les troupes ennemies furent
obligées de continuer leur retraite, en suivant la route de Tournus, sur laquelle l'infanterie française et le régiment de cuirassiers les poursuivirent jusqu'à Mouges. Dès lors, la ville fut
délivrée. »

Une action énergique aurait pu, à ce moment, débarrasser tout

le département des troupes étrangères qui l'occupaient, mais Augereau avait envoyé à Pannetier l'ordre d'attendre, sur ses positions,
de nouvelles instructions. La brigade Scheiter put donc opérer
sa retraite sur Chalon où elle s'établit : vainement 3.000 gardes
nationaux de Saône-et-Loire, réunis sous les ordres du général en
retraite Bard, et un petit corps levé par l'adjudant commandant
de Damas, tentèrent-ils de l'inquiéter [1] ; ces partisans ne purent
rien contre des troupes régulières et organisées et ils durent se
contenter de harceler les détachements ennemis, de tendre des
embuscades et de faire la petite guerre.

A la fin de février, Augereau rappela Pannetier pour le porter
sur Genève ; Mâcon demeura une fois de plus sans garnison pour
garder son pont dont la possession, quelques jours plus tard, eût
été si utile à l'armée de Lyon.

Et quand, le 6 mars, dans la soirée, l'ennemi se présenta devant
la ville pour la 3e fois, il y entra sans coup férir.

COMBAT DU 11 MARS 1814

SITUATION GÉNÉRALE

« Sa Majesté m'ordonne de vous dire qu'elle veut que vous
sortiez de Lyon et que vous réunissiez toutes vos troupes
pour marcher sur Genève et sur le canton de Vaud.

« Vous vous rappellerez aussi que l'Empereur, l'armée et la
France entière ont les yeux sur vous, que les moments pressent...,

1. « Tous les jeunes gens et tous les hommes de bonne volonté qui désirent
s'unir aux braves qui se sont réunis sous les ordres de M. de Damas, commandant des partisans pour chasser l'ennemi du territoire français, sont invités à se présenter de suite à M. le Major dudit régiment, à la caserne du 16e
léger, pour y recevoir leurs engagements. » (Archives municipales. Registre
des proclamations, 27 février.)

et qu'avec une volonté énergique et bien prononcée on parvient à vaincre tous les obstacles. »

Tels sont les termes d'une lettre envoyée le 20 février par Clarke au duc de Castiglione: ils sont précis et formels. A cette date, Bourg, Mâcon et Chambéry sont rentrés en notre pouvoir; une action énergique et vigoureuse, un peu de résolution et de promptitude et le plan de l'Empereur serait réalisé : Genève serait repris et Augereau, sur la route de Bâle à Langres, couperait la ligne de communication de la Grande Armée.

Mais, plus que jamais, Augereau hésite, tergiverse : malgré les ordres réitérés, envoyés par duplicata et triplicata, il s'obstine à demeurer à Lyon, à laisser ses troupes sur leurs positions.

Le 28 février seulement, il se décide enfin à se porter sur Genève ; il s'établit, de sa personne, à Lons-le-Saunier, avec la division Pannetier, la cavalerie du général Digeon et une partie de son artillerie et lance sur la Suisse les troupes de Musnier, Bardet et Pouchelon.

Mais, ces huit jours d'inaction et de retard ont permis aux alliés de se reconnaître et de prendre leurs dispositions. Dans un conseil tenu, le 25 février, à Bar-sur-Aube et, sur la proposition du prince de Schwartzemberg, la formation d'une armée dite du Sud, de 40.000 à 50.000 hommes, est décidée[1]. Placée sous les ordres du prince héritier de Hesse-Hombourg, elle est destinée à en finir avec la diversion que l'on redoute de la part d'Augereau et à assurer la ligne de retraite.

---

1. Cette armée se composait du 1er corps autrichien (Bianchi) 15.700 hommes, du 6e corps d'Allemagne 13.250 hommes, et d'une division de réserves autrichiennes. Total: 34.950 hommes. Le prince de Hesse-Hombourg devait réunir en outre sous ses ordres la division légère Bubna, 6.300 hommes, et le 2e corps autrichien (prince Aloys de Lichtenstein) 12.700 hommes, soit un effectif total de 53.950 hommes et défalcation faite des pertes de 46.000 hommes (Houssaye, *1814*, p. 237).

Tout de suite cette armée s'est mise en marche et, le 4 mars, sa colonne de droite, celle du général Bianchi, atteint Chalon-sur Saône ; elle y trouve la brigade Scheiter qui, nous l'avons vu, y est demeurée depuis qu'elle a été refoulée de Mâcon et n'y a pas été inquiétée. Bianchi la prend comme avant-garde et continue sa marche sur Lyon, en détachant à droite une brigade (prince de Wied-Runkel) le long de la Grosne sur Cluny et une autre (Iekardouski) sur Charolles, par Blanzy et Saint-Bonnet. Le 6 mars, il rentre à Mâcon et pousse des reconnaissances sur la route de Lyon, jusqu'à Pontanevaux et Saint-Georges.

A l'approche de l'armée du prince de Hesse-Hombourg, Augereau fut effrayé pour Lyon « qu'il avait négligé de mettre en état de défense, n'y élevant aucun ouvrage et oubliant même d'y faire amener les quatre-vingts canons destinés à l'armement de cette place, qui étaient parqués à Avignon ».

Renonçant, et cette fois il y était bien forcé, à la décision ordonnée par Napoléon, il rappela les troupes qu'il avait poussées sur Genève.

A ce moment encore, il aurait pu, adoptant une offensive vigoureuse, forcer le passage de la Saône à Tournus ou à Mâcon et se placer sur la rive droite de la rivière, pour arrêter le mouvement des alliés vers le sud et donner le temps aux nombreux renforts qui étaient en route d'arriver. Il préféra s'en tenir à une défensive prudente et, le 9 mars, il rentra à Lyon où il concentra toutes ses forces[1].

Le 10 mars, le duc de Castiglione, décidé à recommencer ses

1. Division Pannetier, environ 4.500 hommes.
Musnier (Ordonneau-Pouchelon), 5.500.
Brigade Bardet, 4.000.
Détachement de Rémond, 2.000.
La cavalerie de Digeon, 1.800 sabres.

opérations, mais ne sachant encore quelles forces il avait devant
lui, ignorant même si Mâcon était occupé par un corps nombreux, résolut, avant de rien entreprendre, de faire faire une
reconnaissance qui contraignît les alliés à déployer la majeure
partie de leurs troupes. Il chargea le général Musnier de cette
opération et lui prescrivit de partir le 11, au point du jour, pour
faire une reconnaissance sur Mâcon. Il lui enjoignit de lui expé-
dier, sur-le-champ, un officier, au cas où l'ennemi lui paraîtrait
en force, et d'agir avec une extrême circonspection, afin de ne pas
se trouver engagé au point d'être contraint de tenter l'enlève-
ment de la ville sans avoir reconnu l'ennemi et acquis l'entière
certitude de réussir.

Le Maréchal ordonna, en même temps, au général Bardet, de
se porter, pour le même objet, directement de Bourg sur Mâcon,
et de faire coïncider sa reconnaissance avec celle du général
Musnier, afin de partager l'attention des alliés.

Pour cette opération, la division Musnier avait la composition
suivante :

ÉTAT-MAJOR

Général de division Musnier. Châteaubodeau, capitaine.
Guérin, lieutenant, aides-de-camp.

Généraux de brigade : Ordonneau et Pouchelon.

Brigade Ordonneau, venue d'Espagne en février :

INFANTERIE

Bataillons	Colonels	Officiers	Sous-officiers et soldats	Hommes aux hôpitaux
1er et 2e bat. du 20e	Enard	44	1077	57
—	Teulet	38	1160	151
Garde nationale 2e bat. du rég. de Toulon		30	794	
2e bat. du 32e léger		15	584	103

Bataillons	Officiers	Sous-officiers et soldats	Hommes aux hôpitaux

Brigade Pouchelon :

2ᵉ et 6ᵉ bat. du 24ᵉ de ligne	38	1451	132
3 compagnies du 16ᵉ	30	1057	
1 bataillon du 145ᵉ			

ARTILLERIE

	Officiers	Sous-officiers et soldats	Hommes aux hôpitaux

Détachement du 2ᵉ d'art. de marine

9 pièces	6	290	14

CAVALERIE

Un escadron du 4ᵉ hussards.

Le 12ᵉ hussards. Colonel Alph. de Colbert.

La division était ren-
forcée par la brigade
Rémond
{ 2ᵉ bat. du 24ᵉ   729
{ garde nationale
{ du Rhône   574

Les effectifs indiqués ci-dessus sont ceux du 16 février : défalcation faite des pertes produites depuis ce moment, on peut évaluer à environ 8.000 hommes l'effectif de la division Musnier [1].

COMBAT DU 11 MARS

Le 11 au matin, la colonne se mettait en marche, éclairée par le 12ᵉ hussards et par un escadron du 4ᵉ.

A la Maison-Blanche (22 kil. au nord de Villefranche) l'avant-garde rencontrait les postes avancés autrichiens commandés par Scheiter et composés du régiment Kaiser-hussards, avec partie du 5ᵉ bataillon de chasseurs et deux pièces. Ces troupes se gardaient si mal qu'on eut à peine le temps de sonner à cheval. Les deux pièces furent enlevées avant d'avoir fait feu et l'infan-

1. Effectifs au 16 février (Ducasse, p. 151).

terie enveloppée, sabrée par les hussards de Colbert, mit en grande partie bas les armes.

« Le 11ᵉ hussards a fait des prodiges de valeur quoiqu'il fût harassé de fatigue ; le chef d'escadron De Plessen s'est particulièrement distingué, il a blessé le général ennemi Scheiter, commandant l'avant-garde, qui s'est sauvé à pied dans la mêlée [1] ».

Enhardies par ce premier succès, nos troupes s'engagent imprudemment à la poursuite de l'ennemi en pleine retraite : les hussards précèdent la colonne, l'artillerie vient ensuite, flanquée, de chaque côté de la route, par deux bataillons des 20ᵉ et 67ᵉ de ligne : le reste de la division marche en colonne serrée.

Le général Musnier, séduit par l'espoir d'enlever la ville, ne retient plus ses hommes et s'avance à leur tête sans savoir si Mâcon n'est pas défendu par des forces considérables, oubliant l'objet de sa mission toute spéciale ; plutôt que de manœuvrer pour forcer l'ennemi à paraître sans se compromettre lui-même, il ne songe qu'à attaquer pour tout de bon.

Quand, sur les 2 heures, Colbert, auquel la fatigue de ses chevaux ne permettait plus guère de s'éclairer, arriva à la hauteur de Varennes, en vue des clochers de Mâcon, il vit fortement occupées les hauteurs au-delà de la petite Grosne, ainsi que celles qui, de Chaintré à Vinzelles et jusqu'au mamelon isolé de Saint-Léger, courent parallèlement à la Saône. Il en prévint Musnier qui, à ce moment, débouchait de Crêches.

En effet, au bruit du combat de la matinée, Bianchi s'était cru attaqué par toute l'armée française ; résolu à recevoir le combat sous Mâcon, il y avait réuni toutes ses forces : les brigades Hirsch, Haugwitz, Qualemberg, et moitié de celle de Furstenwerther ; les cuirassiers de Kuttalek ; son artillerie de 36 pièces :

1. Augereau au Ministre de la Guerre, 12 mars 1814.

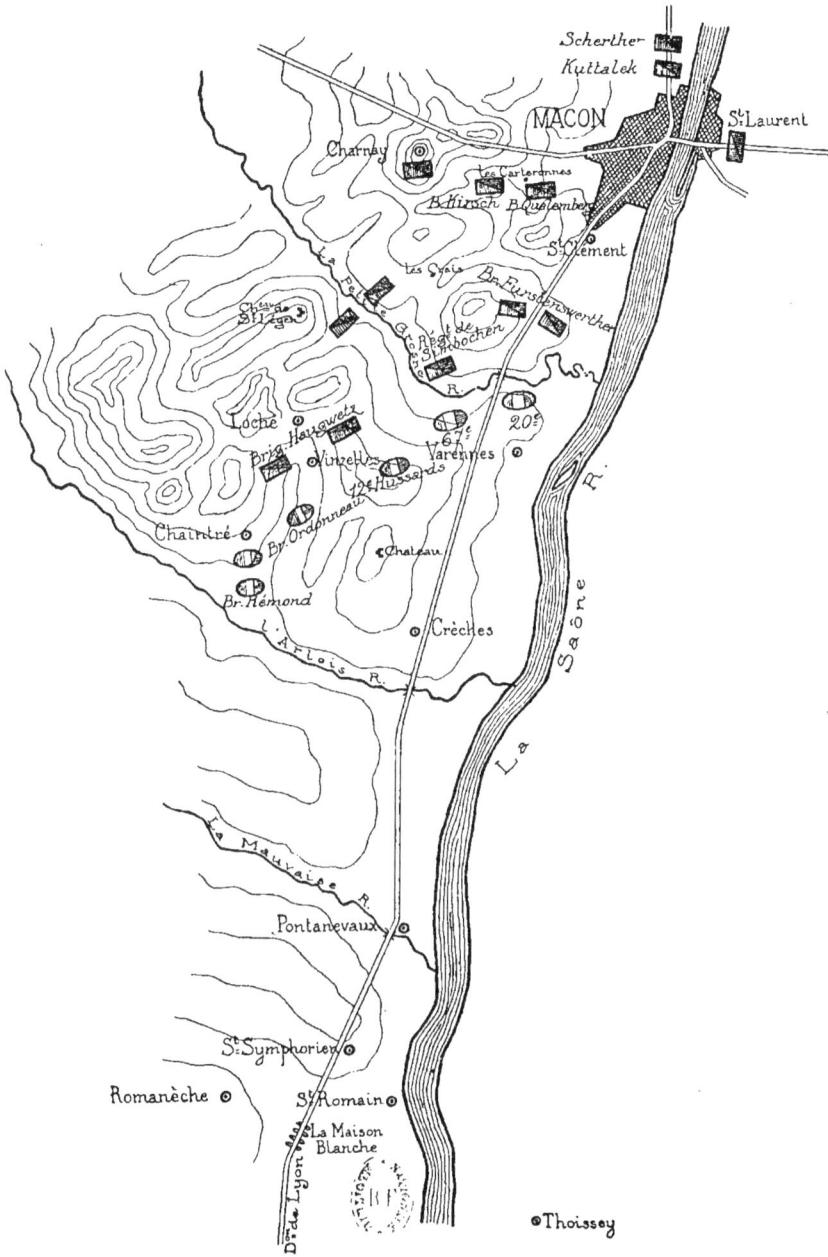

Scherther
Kuttalek

MÂCON   St Laurent

Charnay

Les Carlerennes

B.Hirsch B.Quelemberg

St Clément

Chau de
St Léger

La Petite R

Les Syais

Br.Furstenwerther

Gr Regt de
St Inbochen

R.

Loché   67e   20e

Brig.Haugwetz   V.67e

Vinzelle   19e Hussards   Varennes

Br.Ordonneau

Chaintré

Château

Br.Rémond

L'Allois R.

Crêches

La Mauvaise R.

Pontanevaux

St Symphorien

Romanèche ⊙   St Romain

St Lyon   La Maison
Blanche

⊙ Thoissey

La Saône R.

Carte des environs de Mâcon.
(Combats de 1814).

soit, avec les débris de la brigade Scheiter (un bataillon et
12 escadrons plus ou moins maltraités), 13 à 14.000 hommes.
Le prince Wied-Runkel, qui était à Cluny avec la brigade
Salins, avait reçu l'ordre de rejoindre sans perdre un instant et
de prendre position à Charnay.

« Les troupes autrichiennes [1] occupèrent promptement les
positions qui, dès la veille, leur avaient été assignées en cas
d'attaque.

« Le général Furstenwerther, avec les bataillons de grenadiers
Ivrossy et Oklopsia devant Saint-Clément — 16 pièces sur la
hauteur des Crais, battant les abords de ce village.

« A droite de la route, le régiment de Simbschen (brigade
Haugwitz); sur les hauteurs et dans les villages de Vinzelles et
Loché, le reste de la brigade Haugwitz.

« 3 escadrons de dragons de Wurtzbourg et de hussards,
devant Saint-Léger, se tenaient prêts à une contre-attaque.

« En 2e ligne, sur la hauteur des Carteronnes, les brigades
Hirsch et Qualemberg.

« Un bataillon et deux pièces gardaient Saint-Laurent.

« Le reste de la cavalerie, y compris les cuirassiers de Kuttalek, fut porté sur la route de Paris, où Scheiter alla également se reformer.

« Malgré l'importance des forces et la solidité des positions
qu'il rencontrait devant lui, Musnier n'hésita pas à attaquer.

« Il prescrivit à Ordonneau de se diriger sur l'éperon de Saint-
Léger; Rémond devait appuyer son mouvement. Le 20e, à droite
de la route, et le 67e, à gauche, passeront la Petite Grosne et se
porteront sur Saint-Clément. L'artillerie, en batterie à gauche de
Varennes, essaiera de répondre au feu de l'ennemi.

1. Comte de Tournon. *L'invasion du Lyonnais en 1814.*

« Si furieuse fut l'attaque du 20ᵉ, que les grenadiers hongrois
de Furstenwerther, culbutés, reculèrent jusqu'aux premières
maisons de Saint-Clément. Mais là, quatre pièces, masquées
dans les massifs d'une maison de campagne, prennent en flanc
ce brave régiment et l'écrasent sous leur mitraille ; il est violem-
ment refoulé derrière la rivière.

« A gauche, le 67ᵉ a, dans un premier élan, repoussé le régiment
de Simbschen et le poursuit sur les pentes du côté de Charnay,
mais le major Ehrenstein fond sur lui avec les dragons de Wurtzbourg et le ramène.

« Du côté de Vinzelles, Ordonneau, contusionné, ne fait aucun
progrès ; notre artillerie, inférieure en nombre et en position, a
déjà cinq de ses pièces sur neuf démontées; ses munitions sont
épuisées.

« Il est 5 heures, Bianchi porte en avant ses brigades Qualemberg et Hirsch. Musnier ordonne en hâte la retraite, que le
12ᵉ hussards a beaucoup de peine à couvrir contre les charges
répétées des dragons de Wurtzbourg et des hussards de l'Empereur.

« Leur poursuite ne s'arrêta qu'à la Maison-Blanche où, le soir
même, Scheiter vint reprendre sa position perdue le matin. »

Nous laissâmes aux mains de l'ennemi, faute de chevaux
pour les enlever, deux pièces et beaucoup de caissons.

Nos pertes s'élevaient, suivant Koch, à 93 tués, 230 blessés,
dont le général Ordonneau, 360 disparus ; ces derniers furent,
en grande partie, faits prisonniers après s'être laissés surprendre,
le soir du combat, dans les bâtiments de la ferme du château de
Beaulieu, à Varennes. Les régiments les plus éprouvés furent le
20ᵉ et le 67ᵉ d'infanterie et le 12ᵉ hussards [1].

1. 20ᵉ de ligne : Tués : le lieutenant Roussel, le sous-lieutenant Patard. —

Les Autrichiens perdirent 26 officiers et 855 hommes, la plupart de la brigade Scheiter.

Musnier ramena ses troupes exténuées à Belleville et à la Croisée, pendant qu'Augereau, instruit, à 11 heures du soir, du résultat de la journée, réunissait tout ce qui était disponible à Lyon et avec ce renfort, se portait à Villefranche. Il remplaça à Belleville les troupes de Musnier par celles de Pannetier, posta la brigade Ordonneau et le 12ᵉ hussards sur la route de Beaujeu vers Odenas et Saint-Lager et garda le reste sous la main. Dans cette faible position, il attendit ce qu'il plairait à l'ennemi de faire.

L'ennemi, lui, achevait tranquillement sa concentration à Mâcon : le 11, au soir, le prince de Wied-Runkel y entrait avec 4.000 hommes. — Le 15, plusieurs régiments de cavalerie légère, vélites, hongrois, croates, opérèrent également leur jonction, et enfin, le 16, le prince de Hesse-Hombourg arriva lui-même, suivi de 8.000 hommes. — Le 17, au matin, les alliés avaient sur la rive droite de la Saône plus de 40.000 combattants et 8 à 10.000 sur la rive gauche; maîtres des ponts, ils avaient de plus, sur nous, l'immense avantage de pouvoir à volonté jeter des troupes sur l'une ou l'autre rive, alors qu'Augereau était obligé de passer par Lyon pour obtenir le même résultat.

Fort de cette supériorité écrasante, le prince de Hesse-Hombourg se mit en marche sur Lyon, en ne laissant à Mâcon qu'un régiment, le régiment Kottolinski, de la brigade Mums (1.080 h.).

Blessés : le colonel Esnard, les capitaines Bouty, Villeroy, Babin, Delignac. Les sous-lieutenants Chemin et Thiébaut.

67ᵉ de ligne : Tué : le capitaine Durocheret. — Blessés : les capitaines Bellon, Merme, Sery. Les lieutenants Coulès, Coulon, Pradal. Les sous-lieutenants Dupuich et Nougarède.

12ᵉ hussards. Blessés : le capitaine Lamothe. Le lieutenant Coupé. Le sous-lieutenand Conrad.

Augereau tenta vainement de l'arrêter, à Saint-Georges d'abord (18 mars), puis à Limonest (20 mars) : il dut céder et se replier sur Vienne et Valence, en abandonnant Lyon, où les alliés entrèrent le 21 mars.

« La défection du duc de Castiglione livra Lyon sans défense à nos ennemis », écrira, un an après, dans sa proclamation au peuple français, l'Empereur débarquant de l'île d'Elbe.

LA RESTAURATION A MACON

LE RETOUR DE NAPOLÉON

Le retour de Louis XVIII fut célébré à Mâcon avec un enthousiasme qui n'eut d'égal que celui manifesté l'année suivante au retour de Napoléon.

« Cette couleur chérie de la Nation, le lys, emblème de la paix, signe de la pureté des sentiments de celui qui l'adopte, reparaît enfin sur la tête des Français ! s'écriait le Maire. Plus de conscription, tombeau des familles; semblable à l'ange consolateur, Louis XVIII vient tarir vos larmes, envelopper le passé d'un voile impénétrable, ouvrir vos yeux impatients à l'avenir et vous réconcilier avec toute la Nation [1] ».

« Nous marchions à l'état d'incivilisation et de barbarie, disait de son côté le préfet Chapuys dans sa proclamation, nous allions tous périr, enfin nous respirons à l'ombre des lys ! Le premier élan de mon cœur a été pour mon Roi; le second appartient aux hautes puissances alliées. Je m'arrête, je sens que je ne puis m'élever à la hauteur de mon sujet ; je n'ai de forces que pour vous dire que la reconnaissance que nous devons avoir aux hautes puissances alliées doit égaler l'amour que nous devons à notre Roi [2] ».

1. Archives municipales. Proclamation du 10 avril.
2. Archives municipales. Dossier concernant les événements politiques.

Les hautes puissances alliées, malgré les louanges qu'on leur décernait et les fleurs dont on les couvrait, n'en continuaient pas moins à vivre sur le pays qui, d'ailleurs, était ravagé de tous côtés par des centaines de déserteurs en armes : par 40 et plus, ils parcouraient les campagnes et se réunissaient dans les villes jusqu'à 4 et 500. Quelques-uns étaient porteurs de permissions dont rien n'attestait l'authenticité ; d'autres n'en possédaient aucune et il fallait les loger et les nourrir. Il n'y avait plus ni gendarmes, ni commissaire des guerres, les tribunaux étaient sans appui et l'autorité trop faible pour imposer à cette bande de pillards.

« Que nous reste-t-il à opposer? se demandait le Maire, la force des troupes alliées? Mais ne serait-il pas dangereux d'invoquer contre des Français l'autorité étrangère[1] ? »

Enfin, le 9 juin, le 1er chasseurs léger entra dans la ville, précédant les troupes de la division Pannetier qui devaient y tenir garnison. Il s'installa à la caserne des Carmélites[2], qui pouvait contenir 800 hommes.

Le calme revint.

Le 19 juin, sur la place de l'hôpital, le capitaine Lavernette-Lasserre passa la revue des 400 hommes de la garde nationale réorganisée.

Comme quelques soldats de la garnison parlaient encore de l'Empereur, « on fit secrètement une enquête sur leur conduite auprès des citoyens qui les logeaient[3] » ; de la sorte, aucune note discordante ne vint troubler le concert des acclamations qui saluèrent, à leur passage dans la ville, la duchesse d'Angoulême, puis le comte d'Artois.

1. Archives municipales. Registre de correspondance, 25 avril.
2. Id., 20 juin.
3. Id., 23 juillet.

Le 9 août 1814, la duchesse d'Angoulême fit son entrée à Mâcon, vers midi, venant de Lyon.

« Le voyageur surpris demandait à l'habitant des rives de la Saône, quel était l'objet des préparatifs qui étaient faits et on lui répondait : nous attendons la fille des rois, celle que l'univers nommait la princesse la plus infortunée et nomme aujourd'hui la plus sublime ; celle, enfin, qui vient parmi nous, comme un ange consolateur, nous réconcilier avec le ciel et nous-mêmes ; cette princesse, c'est Madame : cueillons des fleurs, cueillons des lys et répandons-les sur ses pas. »

« La princesse descendit à l'hôtel-de-ville où elle resta une heure environ, elle parut sur le balcon et, à ce moment, des barques firent l'attaque de l'île qui est vis-à-vis l'hôtel-de-ville. Après la prise de l'île, un drapeau blanc fut hissé et une jeune fille placée sur un trône au-dessus duquel se lisait l'inscription : « Vive Madame ! » Cette heureuse idée et les détails de l'exécution sont dus à M. le Maire de Saint-Laurent. Son Altesse Royale a daigné y sourire [1] ».

Le 6 septembre, le comte d'Artois s'arrêtait à son tour à Mâcon, « faveur dit le Maire aux habitants, qui est une récompense de votre dévouement et de votre constance, dans la crise périlleuse que vous avez vaincue. »

Belliqueuse, la municipalité demanda au prince des canons « pour conserver à Sa Majesté les moyens de faire respecter le trône, assurer la tranquillité et embellir les fêtes de ses fidèles sujets » ; elle sollicita aussi le titre et les avantages de « bonne ville du royaume ».

Puis il y eut concert et bal à l'hôtel-de-ville, pendant lequel « des messieurs, placés derrière des dames, pour former la cour

---

1. Registre des délibérations du conseil municipal.

du prince, ont dansé en présence de Son Altesse Royale qui, debout sur son trône, témoignait, par les ris les plus gracieux et par ses mouvements, toute la joie qu'il éprouvait [1] ».

MARS 1815

Mâcon vivait donc tranquille et heureux, lorsque la nouvelle du débarquement de Napoléon vint, au commencement de mars 1815, le surprendre et l'alarmer.

On prit aussitôt des mesures rigoureuses de police, pour arrêter tous ceux dont on suspectait la fidélité au roi. Sur le quai, à proximité du pont, la garde nationale fournit un poste de 12 hommes, 2 caporaux, un sergent et un officier, pour arrêter tout étranger et voiture, et vérifier les papiers ; des patrouilles circulèrent d'heure en heure, de 8 heures du soir à 5 heures du matin, du port Saint-Antoine jusqu'aux Marans.

Le dimanche 12 mars, vers 2 heures de l'après-midi, arrivèrent le 4e hussards, le 13e dragons, les 20e et 24e régiments d'infanterie.

Tout annonce le passage de Napoléon le Grand dans la ville de Mâcon, la joie publique se manifeste par les acclamations qui retentissent de toutes parts.

Le lendemain, vers 4 heures du soir, plusieurs autres régiments, tant cavalerie qu'infanterie, entrent dans la ville.

L'autorité locale fait alors publier l'arrivée très prochaine du grand Napoléon avec invitation de manifester l'enthousiasme par une illumination générale [2].

L'adresse suivante est rédigée à l'instant :

1. Registre des délibérations.
2. Id.

« *La ville de Mâcon à S. M. Napoléon le Grand.*

« Sire,

« Votre retour comble de joie les habitants de la ville de Mâcon : leur enthousiasme est aussi vivement ressenti qu'il est général.

« La gloire de la France, un moment éclipsée, va briller d'un nouvel éclat. Les Aigles toujours victorieuses vont de nouveau faire respecter son sol. Enfin, nous allons jouir de tous les avantages de votre règne glorieux, dont on a voulu un instant nous priver.

« Votre ville de Mâcon vous attend ; les cœurs de ses habitants vous sont ouverts. Ce jour, où elle va de nouveau vous posséder dans son sein, sera le plus glorieux [1] ».

Cette adresse était signée de Brunet-Bruys, adjoint, le maire Bonne ayant jugé prudent de disparaître avec le préfet Germain.

PASSAGE DE L'EMPEREUR, 13 MARS

« Immédiatement, l'autorité locale et la garde nationale se mettent en marche et se portent jusqu'aux extrémités du territoire communal pour y attendre et recevoir Napoléon. Des boîtes d'artillerie sont disposées sur le quai du Midi ; la nuit arrive, toutes les façades des habitations, l'hôtel-de-ville et tous les autres édifices publics sont illuminés avec soin ; des inscriptions et des emblèmes ajoutent à l'élégance des illuminations. Les rues, les places, le quai, la route de Mâcon à Lyon, sont garnis d'une foule immense de citoyens des deux sexes et de tous les âges, tant de la ville que de la campagne.

« Une gaieté pure et naïve exprime le contentement de tous, et tous aussi manifestent la plus franche allégresse, qui éclate

---

1. Archives municipales. Événements politiques. 1814-1870.

de toutes parts par les acclamations répétées de : Vive l'Empereur ! Vive Napoléon !

« A 8 heures du soir de ce jour, il a fait son entrée sur le territoire. Il est reçu et complimenté par l'autorité locale ; il donne ensuite ses ordres, continue sa route et entre dans la ville, traverse le quai du Midi, précédé et suivi d'un grand cortège militaire et fait son pied-à-terre à l'hôtel du Sauvage, près le pont, tenu par le sieur Delorme, traiteur, après avoir néanmoins témoigné sa satisfaction des soins que l'autorité avait eus de lui préparer et disposer des appartements à l'hôtel de la Préfecture. Introduit dans son palais, il a fait annoncer que le besoin du repos ne lui permettait pas de recevoir ni d'entendre personne.

« Le lendemain, à 6 heures du matin, il a accueilli l'autorité locale avec cette affabilité qui lui est personnelle, dans la personne de M. Brunet Bruys, adjoint. Il l'a entretenu du système politique et des événements de 1814 ; il a accompagné son entretien de quelques gestes et démonstrations qui sont ordinairement une preuve non équivoque de son affection particulière ; et à 7 heures, il est parti de Mâcon en traversant une foule immense d'habitants de la ville et des environs, et au milieu des acclamations : Vive l'Empereur! Vive Napoléon ! »

A la suite du passage de l'Empereur, le baron de l'Empire, Veaux, commandant de la Légion d'honneur, chevalier de l'ordre de la Couronne de Fer, général commandant la 18e division militaire adressa aux habitants de Mâcon la proclamation suivante :

« Aux habitants de la Division [1].

« Citoyens,

« Une trahison qui n'a pas d'exemple dans l'histoire des peuples

---

1. Communiqué par M. Duréault.   6

avait arraché Napoléon à votre amour ; il revient aujourd'hui
s'asseoir sur un trône illustré par ses vertus et cimenté par le
sang de nos braves ; il revient au milieu de ce peuple qui l'a proclamé grand à la face du monde et dont une poignée de factieux
avait essayé de flétrir la gloire et les immortels trophées.

« Saluez, par vos acclamations unanimes, le retour du monarque
chéri qui se précipite dans vos bras et qui vient de nouveau sacrifier à votre bonheur une vie dont il veut que tous les instants
vous appartiennent.

« Appelé par Sa Majesté à commander une division à qui, depuis
longtemps, j'ai voué de bien tendres affections, qu'il m'est doux,
ô mes Concitoyens, de voir ainsi récompenser mes faibles efforts
pour le salut de notre belle France et de pouvoir consacrer
encore mes soins et mes veilles à entretenir parmi vous cette heureuse harmonie, ce concert unanime de sentiments glorieux que
je vous ai vus si souvent manifester lorsque j'étais avec vous, j'en
appelle à vos cœurs, ces nobles sentiments, cette union indes-
tructible, ne se sont pas affaiblis par quelques instants de revers :
je les retrouverai dans toute leur force, en commençant ma nouvelle carrière.

« Citoyens de toutes les classes, et vous surtout, gardes nationales, fidèles appuis de l'honneur français, c'est sur votre attachement et sur votre zèle que je fonde toutes mes espérances : unis-
sons tous nos efforts pour assurer à nos contrées cette paix inal-
térable et ce bonheur que rien désormais ne pourra troubler.

« Habitants des départements de la Côte-d'Or, de Saône-et-
Loire, de la Haute-Marne, de l'Aube et de l'Yonne, formons
avec tous les Français un faisceau d'amour et de reconnaissance
autour de celui qui a vengé l'honneur national. Rallions-nous
tous autour de ce bataillon sacré, dépositaire auguste des destins
de la patrie, autour de ces braves invincibles qui rapportent

JEAN-ADRIEN BIGONNET
(1755-1832)
Député de Saône-et-Loire
Maire de Mâcon en 1815
(D'après une gravure conservée au musée de Mâcon)

aujourd'hui à la France attendrie ce cher et précieux dépôt qu'elle ne leur avait pas confié en vain.

« Honneur et Patrie !

« Français ! Que ce cri sublime, prononcé tant de fois sur les rochers à jamais illustres de l'île d'Elbe et répété par tous nos cœurs, retentisse d'un bout de la France à l'autre ; que cette voix, à la fois majestueuse et terrible, apprenne enfin à l'univers que la patrie des braves a ressaisi sa gloire et sa splendeur et que la France, ainsi que l'a dit le héros qui nous est rendu, n'a pas cessé d'être et sera toujours la Grande Nation.

« Vive l'Empereur !

« Baron VEAUX.

« Ce 15 mars 1815. »

LES CENT JOURS

Le premier soin de l'Empereur, à son passage à Mâcon, avait été de donner aux habitants un préfet et un maire : ils avaient été trop mal dirigés en 1814.

Le maire et le préfet changés, l'esprit de la population changea aussitôt ; un souffle patriotique et guerrier passa sur la ville, chassant les miasmes de lâcheté et de poltronnerie qu'une administration timorée y avait développés.

Nous sommes heureux de constater la nouvelle attitude de la ville qui contraste si complètement avec celle de l'année précédente et qui l'efface un peu.

Le nouveau préfet était le baron Ducolombier ; malade, il fut remplacé bientôt par M. Faipoult.

L'ancien adjoint, M. Brunet-Bruys, qui avait pris les fonctions de maire, céda également la place, le 7 mai, à M. Bigonnet, nommé maire par Napoléon. En faisant cette nomination, l'Empereur affirmait bien sa volonté de mettre à la tête de la ville

un homme énergique, sans faire entrer en ligne de compte
d'autres considérations. Il aurait pu, en effet, tenir rigueur à
Bigonnet qui, député aux Cinq-Cents, fut un de ceux qui résis-
tèrent avec le plus d'énergie au coup d'État du 18 brumaire.
C'est lui qui, ce jour-là, se jeta le premier au devant de Bonaparte entrant dans la salle avec une compagnie de grenadiers et
qui lui adressa ces paroles historiques et mémorables : « Que
faites-vous, téméraire! Vous violez le sanctuaire des lois! reti-
rez-vous ! [1] »

Napoléon n'eut pas à se repentir d'avoir oublié des ressenti-
ments — bien compréhensibles. Le nouveau maire sut faire son
devoir de patriote et le faire faire aux autres.

Dès le 15 avril, la garde nationale avait été réorganisée en sept
compagnies sous les ordres du commandant Gaudet :

Compagnie de grenadiers,	capitaine Segond
chasseurs,	— Maronnet
— Napoléon,	— Ollier
— Marie-Louise,	— Moiret
— Bertrand	— Goyon
— l'Ile d'Elbe,	— Prudon
— Pompiers	— Bernard.

Le 11 mai, la municipalité, « considérant qu'un corps de
musique, en tête du bataillon de la Garde nationale, ne peut
que contribuer à soutenir l'élan dont sont animés les citoyens
qui la composent, arrête que, pour et au nom de la ville, le
maire fait dès à présent remise des instruments de musique
qui lui appartiennent, notamment d'une grosse caisse, d'un
serpent et d'un chapeau chinois [2]. »

---

1. Conférences de M. Lex : *A travers Mâcon.*
2. Registre des délibérations.

Mais, ce qui vaut mieux, dans le courant de juin, la garde nationale sur les demandes réitérées du maire [1], avait touché des munitions et des armes. Quelques-unes de ces dernières, il est vrai, ne sont pas brillantes, tels ces « 500 fusils arrivés le 29 juin du département de l'Aube et que les armuriers déclarent impropres à tout service et impossibles à réparer ». Mais les citoyens payant 50 francs d'impositions doivent s'armer à leurs frais (arrêté du 29 juin). D'autre part, le 6 juin, les sieurs Bernard et Perraud, capitaine et lieutenant de la compagnie des pompiers, sont allés à Lyon et ont fait arriver à la mairie, pour la place de Mâcon, 2 canons de 6 de campagne et un obusier de 24 [2] et, pour la place de Tournus, 2 canons de 6 de campagne, mais ceux-ci, par ordre du préfet, resteront provisoirement à Mâcon.

Pour servir ces pièces, le 27 mai, a été créée une compagnie de canonniers à qui deux artilleurs, qui reçoivent de la ville une indemnité de 1 fr. 25 par jour [3], servent d'instructeurs.

Depuis longtemps, enfin, le *plan de défense* de la ville est étudié et préparé : le 11 mai, le maire envoie au préfet un « plan de la défense de la ville », fourni par un excellent citoyen, qui consiste dans une digue à établir au quart de relai sur la rivière la Saône. »

---

1. 13 juin. Demande de la municipalité au préfet de 400 fusils de guerre munis de leurs baïonnettes, de 600 livres de poudre, de 1.000 livres de plomb.

2. Canons de 6 de campagne sur affûts avec avant-train et coffres chargés, 6.
Obusier de 24, 1.
Caissons de 6, 3.
Obusiers de 24, 2 pour Tournus.
Cartouches à boulets de 6, 373.
Cartouches à balles de 6, 60.
Cartouches à balles d'obusiers de 24, 60.
160 étoupilles, 970 lances à feu, & . . . . .
(Arrêtés de la mairie, 1815, p. 78).

3. Registre de correspondance, 17 juin.

L'esprit public complètement retourné était entièrement dévoué à l'Empire.

Le 7 avril, sur le bruit que des fusils avaient été amenés et cachés par des royalistes au château de Chaintré, une centaine d'hommes partaient spontanément pour faire une perquisition qui, du reste, fut vaine.

Le 12 mai, les Mâconnais adhérèrent à la fédération bourguignonne fondée le 2 mai, à Dijon, pour maintenir, par l'union et l'action de tous les citoyens, l'indépendance et la gloire du pays. « M. Bigonnet prononça un discours qui fut couvert d'applaudissements et dans lequel il exprimait la reconnaissance des citoyens de Mâcon à ceux de Dijon, pour les grandes vues et combinaisons que présentait l'acte fédératif pour le bonheur et la prospérité de la patrie et le triomphe de son auguste empereur. — M. Escard, chef de bataillon au 23e de ligne, commissaire de la fédération, retraça les funestes résultats de l'invasion de 1814, les perfides trahisons qui l'ont préparée et protégée dans son exécution honteuse ; les acclamations se sont renouvelées ; le corps de musique a fait retentir l'assemblée de plusieurs morceaux, tous patriotiques, tels que : *Veillons au salut de l'Empire* [1]. »

COMBAT DU 11 JUILLET 1815

Telles étaient les dispositions matérielles et morales des Mâconnais, lorsqu'en juin 1815, la France fut envahie encore une fois, par toutes ses frontières.

Le 18 juin, l'Empereur était vaincu à Waterloo ; le 22, il abdiquait en faveur de son fils ; le 26, la commission gouvernementale, présidée par Fouché, déclarait que tous les actes

---

1. Archives municipales.

publics seraient faits au nom du Peuple français. — Le 6 juillet, les Alliés prenaient possession des portes de la capitale et, le 8 juillet, le drapeau blanc flottait de nouveau sur les monuments de Paris.

Les Suisses, malgré les traités, avaient donné un libre passage aux armées autrichiennes : celles-ci occupaient déjà une bonne partie du département de l'Ain.

Napoléon vaincu était à Rochefort, son armée n'existait plus, l'occupation ou la non-occupation de Mâcon était maintenant indifférente aux intérêts du pays ; le général Rouelle qui commandait le département, le maréchal Suchet, duc d'Albuféra, qui était à Lyon, déconseillaient eux-mêmes la résistance; peu importe, les Mâconnais, voulant sans doute faire oublier leur conduite de 1814, ne virent cette fois dans l'étranger que l'ennemi et, sans aucun espoir de succès, pour l'honneur simplement, résolurent de résister.

« Les 8 et 9 juillet, des conférences eurent lieu à la préfecture auxquelles assistèrent le préfet, le sous-préfet, le baron Rouelle, M. Renaud, son aide de camp, et le baron Saint-Loup, commandant chargé, par ordre du maréchal duc d'Albuféra, de la défense spéciale de la tête du pont de Mâcon, MM. les adjoints et membres du conseil municipal, les membres du conseil de préfecture, le colonel de la garde nationale de Mâcon et plusieurs officiers de cette garde, le substitut du procureur impérial près le Tribunal de 1re instance de l'arrondissement et plusieurs notables de la ville. Par suite de ces conférences, le peu de troupes militaires stationnées dans cette ville avait pris la résolution, dans l'intérêt de son honneur, de faire seulement une montre de forces, en cas d'apparition de l'ennemi [1]. »

1. Délibération du Conseil municipal.

La garnison régulière de Mâcon ne se composait que de cinq compagnies (300 hommes) du dépôt du 24ᵉ de ligne qui faisait partie de l'armée des Alpes.

Le 3 juillet, le préfet avait appelé le tiers des hommes des communes de l'arrondissement, pour concourir à la défense que tous préparaient.

Le 5 juillet, tous les bateaux, barques, étaient descendus à Lyon, les bacs et nacelles mis sur la rive droite de la Saône et coulés à fond et, comme le maire de Mâcon n'avait aucune autorité sur Saint-Laurent, il priait le commandant Saint-Loup d'y faire prendre ses mesures.

Le 7 juillet, la municipalité demandait à M. Faraud, curé de Saint-Vincent, de réunir les dames et de les exhorter à recueillir du vieux linge pour faire de la charpie.

Depuis le 30 juin, la garde nationale fournissait plusieurs postes : un, au pont, de 40 hommes, un, au port, de 12 hommes, d'autres à Saint-Clément, la Barre, Saint-Antoine, à la poudrière, à la préfecture, à l'hôtel-de-ville.

A Saint-Laurent enfin, on travaillait activement, des redoutes avaient été faites, réunies en partie par des chemins couverts et disposées de manière à appuyer leur centre sur la grande route de Mâcon à Bourg. Deux canons, servis par des artilleurs de la garde nationale, étaient en batterie sur la chaussée. Une arche du pont avait été coupée et le passage pouvait être interrompu en un clin d'œil, en jetant à l'eau les plateaux simplement posés en travers de la coupure[1].

Nous sommes loin du mois de janvier 1814 !

Le 10 juillet (un lundi) à 10 heures du matin, un parlementaire se présenta au nom des troupes autrichiennes. On le con-

1. Fargeaud, *La prise de Mâcon en 1815.*

Aymé-Joseph de Saint-Loup
(1768-1855)
Officier d'artillerie
Commandant la Place de Mâcon en 1815
(D'après un tableau conservé au château de Chenove (Saône-et-Loire)

duisit chez le général. — Il y revint l'après-midi, il demandait le libre passage dans la ville, on le lui refusa. Dans l'après-midi, quelques soldats ennemis se montrèrent dans la prairie de Saint-Laurent.

L'heure de la résistance avait sonné.

Vers 6 heures du soir, par pelotons, tous les tambours en tête, la petite garnison traversa fièrement la ville, pour aller occuper les redoutes de Saint-Laurent. Une cinquantaine d'officiers à la suite, organisés en compagnie, portant fusil et giberne, marchaient en avant du bataillon comprenant les cinq compagnies de dépôt du 24ᵉ qui, réunies à quelques gardes nationaux, douaniers, corps francs et gendarmes, atteignaient un effectif de 500 hommes environ, la plupart conscrits. C'était cette petite troupe qui, comme dernière protestation, allait oser disputer le passage de la Saône à 12.000 Impériaux.

Malheureusement les dispositions prises furent éventées. Une colonne ennemie guidée par un habitant du pays, avait traversé la Saône au-dessus de la ville ; elle se porta rapidement sur Mâcon, entra par la partie haute et, vers une heure du matin, arriva sur la place d'Armes, espérant ne rencontrer aucune résistance puisqu'on n'avait laissé de ce côté qu'un poste de quelques hommes. Ceux-ci reçurent pourtant, à coups de fusil, l'ennemi qui répondit, à son tour, par une vigoureuse fusillade. Il fallut néanmoins céder et les Autrichiens s'emparèrent de 4 pièces d'artillerie et de 52 chevaux qu'on avait laissés là pour en opérer la retraite.

Pendant ce temps, le bataillon de Saint-Laurent était attaqué par le reste des Impériaux qui avaient pu s'approcher, grâce à la nuit particulièrement obscure. Les artilleurs ouvrirent le feu et tous les postes se mirent de la partie. Mais bientôt, entendant le combat qui se livrait dans Mâcon, craignant d'être coupé et pris entre deux feux, le bataillon abandonna les redoutes de Saint-

Laurent et put, sans encombre, retraverser le pont et battre en retraite par la route de Lyon.

En se retirant, il avait laissé intact le passage étroit dont la destruction avait été préparée sur le pont. C'était dans l'espoir que la 5ᵉ compagnie pourrait en profiter et le détruire ensuite. Cette compagnie ne s'était pas jointe aux autres; la redoute qu'elle occupait était la plus éloignée, à l'extrémité gauche en remontant la Saône et l'on n'y arrivait qu'à travers un dédale de fossés, de remblais et de flaques d'eau. La liaison n'était, paraît-il, pas bien établie. Pourtant le capitaine Levasseur, qui était en même temps l'officier payeur du bataillon, était parti aux renseignements, mais il n'était pas revenu, lorsque ses hommes entendirent à droite battre, dans Saint-Laurent, la charge allemande : le bataillon s'était retiré sans les prévenir.

Le sous-lieutenant Jacopelli, un Italien, ordonna de battre rapidement en retraite, espérant encore arriver au pont avant l'ennemi. Ses hommes touchaient au but quand ils se heurtèrent à la colonne autrichienne qui se rua sur eux : l'officier et une vingtaine d'hommes furent tués, quelques-uns parvinrent à s'enfuir dans le villages, d'autres tentèrent de traverser la Saône; de ce nombre fut le capitaine ; en voulant revenir vers son poste pour lui faire suivre le mouvement, il s'était égaré pour échapper à l'ennemi; il tenta de passer la rivière à la nage, il s'y noya. On retrouva son corps, quelques heures après, sur le bord ; il avait 6.000 francs en or dans sa ceinture.

Le reste des hommes de la 5ᵉ compagnie, 25 à 30, furent faits prisonniers et conduits dans la cour de la mairie [1].

Outre les deux officiers qui avaient trouvé la mort dans ce combat, le lieutenant Montargon et le chirurgien sous-aide-major Lemaître, du 24ᵉ, y avaient été blessés.

1. Fargeaud, *La prise de Mâcon en 1815.*

Quelques gardes nationaux avaient été, eux aussi, pris les armes à la main : la municipalité les réclama au général de Pfliege, rcommandant les troupes autrichiennes qui entrèrent dans la ville, il les refusa. Une démarche tentée auprès du général en chef Frimont eut plus de succès et le 16 juillet ils étaient remis en liberté. Les autres prisonniers étaient conduits à Bourg dès le 11 juillet et de là à Genève.

Les alliés à Mâcon. — Les alliés ne trouvèrent pas, à Mâcon, le même accueil que l'année précédente.

Bien que, le 17 juillet, le drapeau blanc ait été arboré, au son de la musique autrichienne, et qu'un frugal repas ait eu lieu, pendant lequel des toasts furent portés à Louis XVIII, à la générosité des souverains alliés, à la paix et à la prospérité de la France, le 25 juillet, le général Pflieger se plaint que « des citoyens, même encore des enfants de 10 à 12 ans, se permettent de crier sous ses croisées, dans les rues, sur les quais et les places publiques : Vive l'Empereur, vive Napoléon ou vive Bonaparte ! [1] »

Et lorsque, le 12 juillet, 80 travailleurs sont requis pour détruire, moyennant salaire, les ouvrages de Saint-Laurent, sous la direction d'un officier et du sieur Zolla, voyer de la ville, bien peu se présentent, puisque le maire est obligé, le 13, de faire un nouvel appel, et les alliés contraints de menacer de la garnison militaire, pour obtenir que, moyennant 25 sols par jour, des manœuvres et journaliers viennent effectuer les travaux indiqués [2].

Si peu importantes qu'elles soient, ces manifestations de fierté

1. Archives municipales. Correspondance.
2. Id. Registre des publications.

et d'indépendance nous frappent et nous réjouissent, par leur contraste avec la servilité de 1814.

Réquisitions. — Comme l'année précédente, jusqu'au 20 décembre 1815, jour où les Alliés évacuèrent définitivement Mâcon, les réquisitions pesèrent lourdement sur la ville.

Huit jours après leur arrivée, le 19 juillet, leurs troupes avaient consommé 14.000 rations de chaque nature, en vivres et fourrages.

Le 9 août, le corps municipal de Mâcon expose au prince de Schwartzemberg, généralissime des armées autrichiennes, que Mâcon a déjà fourni plus de 200.000 rations complètes en vivres et de 50.000 en fourrages.

Le département supporte le poids de 50.000 hommes et de 10.000 chevaux : c'est une dépense de 90.000 francs par jour ; d'autre part, la récolte de raisin court le risque d'être détruite avant d'être cueillie : aussi l'on se permet de faire remarquer timidement au général que le raisin mangé avant maturité peut être pour ses soldats une source de poison [1].

La réquisition suivante, ordonnée le 1er septembre par les commissaires de l'armée alliée, donnera une idée de ce qu'étaient les impositions levées par l'ennemi. — Il y est spécifié, en outre, que le sous-préfet subira la présence de 25 garnisaires jusqu'à sa complète exécution.

« Sont requis de fournir les objets d'habillement et d'équipement suivants Cantons Nord et Sud :

	Canton Nord.	Canton Sud.
Schakos noirs en drap	397	176
Chapeaux à corne pour l'artillerie	25	10
Chapeaux cirés	125	50
Habits bleus 1/2 clair ou bleu ciel	27	12
Habits bleus brochés	50	20

1. Archives municipales. Correspondance.

Pelisses bleues	26	12
Dolmans bleus	30	13
Dolmans verts	50	20
Pantalons bleus brochés	50	20
Pantalons gris garnis de veau	109	40
Pantalons bleu de ciel	134	53
Pantalons bleu de roi	31	13
Pantalons ponceau	31	13
Paires de guêtres de toile	552	242
Pantalons de toile	552	242
Paires de souliers allemands	320	139
Paires de souliers lacés	180	82
Fers de cheval	110	49
Clous	1.030	455
Schakos gris en feutre	27	12
Schakos bleus en feutre	74	34
Habits gris chevreuil aux parements ponceau	25	10
Habits bleu foncé	35	19
Habits blancs	347	147
Pelisses vert perroquet	50	20
Pantalons blancs	50	20
Paires de bottines	104	45
Bottes à l'écuyère	130	55

On conçoit qu'après de semblables réquisitions le maire écrive au préfet (25 novembre) que non seulement la ville est dans l'impossibilité de nourrir la garnison ennemie, mais que, bientôt, encore, la moitié de la population périra de faim.

CONCLUSION

Le 3 août 1815, le maire Bigonnet était remplacé dans ses fonctions par M. Doria.

Le 4 août, la municipalité envoyait à Louis XVIII l'adresse suivante :

« Sire,

« Dans le moment où un cri d'effroi annonça l'apparition de l'homme qui devait rassembler en peu de mois sur la France tous les maux que peuvent redouter les nations, le corps municipal de Mâcon vous jura, par de nouveaux serments, un amour plus ardent : la menace du danger rendant plus étroits comme plus nécessaires les liens qui unissent les enfants à leur père.

« Cependant, Sire, nous éprouvions encore une certaine sécurité et nous promettions à Votre Majesté que le parjure serait bientôt arrêté dans ses audacieux projets, tant il était difficile de croire que la perfidie triomphât de notre amour, tant il était difficile de croire que la bonté et la vertu assises sur le trône succomberaient dans cette lutte.

« Nos promesses ont été cruellement trompées, mais nos serments, nous les avons tenus : la violence des événements nous a réduits au silence, mais les sentiments que nous avions jurés, nous les avons nourris dans nos cœurs, nous et la grande majorité de nos concitoyens [1]. »

Pour la troisième fois en seize mois, la ville de Mâcon, comme presque toutes les autres, du reste, changeait de gouvernement et protestait auprès du nouveau souverain de son attachement et de son inviolable fidélité.

Comme l'a dit Henri Heine, la France est la grande banlieue de Paris.

Mais si le pays tout entier suit aveuglément l'impulsion qui lui vient de la capitale, de même, dans chaque ville, la foule suit,

---

1. Archives municipales. Délibérations.

elle aussi, la direction que lui imprime l'homme qui est ou qui se met à sa tête.

De pleutre et lâche qu'elle était avec un Bonne, la même population devient vaillante et enthousiaste avec un Bigonnet.

C'est la conclusion qui ressort de cette étude : aux heures graves, au moment d'une guerre, l'état de siège devient souvent une nécessité devant laquelle 'il ne faut pas reculer. De gré ou de force, les populations doivent admettre tous les sacrifices, si durs soient-ils.

Elles les admettront d'autant plus facilement que, dès le temps de paix, elles auront mieux compris que tous les intérêts municipaux, politiques, personnels, doivent s'effacer devant l'intérêt supérieur et sacré de la Patrie pour laquelle l'étranger, quel qu'il soit, quand il vient en armes fouler son sol, est toujours l'ennemi.

Les paroles du duc d'Aumale au procès Bazaine seront toujours vraies : « Monsieur, il y avait la France ! »

Ouvrages et documents consultés

Précis historiques des opérations de l'armée de Lyon en 1814, par le capitaine Ducasse (Paris, Corréard, 1849).

L'invasion du Lyonnais en 1814, par le comte de Tournon (Paris, Champion, 1887).

Le général Legrand, baron de Mercey, par Ch. Rémond (Nancy, Berger-Levrault, 1903).

Tournus en 1814 et 1815, par le commandant Guironde (Tournus, Miège, 1903).

Archives municipales de Mâcon. — Registre de Correspondance, 1814. — Arrêtés du maire. — Proclamations, 1814. — Événements politiques, 1814-1870.

Archives départementales de Saône-et-Loire, séries F et R.

Archives de la guerre. — Cartons de correspondance de la Grande Armée. Dossier concernant les places en 1814.

La prise de Mâcon en 1815, par Fargeaud (Limoges, Ducourtieux, 1858.)

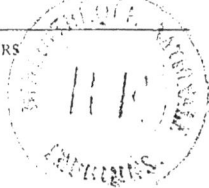

MACON, PROTAT FRÈRES, IMPRIMEURS

Par suite d'un oubli, on a omis de joindre la présente notice à la brochure *Les Combats de Mâcon*, de J. ROUGÉ, qui vous a été adressée récemment de la part de l'Académie de Mâcon.

Prière de vouloir bien encarter cette notice dans le volume, en regard du portrait du capitaine Rougé.

JOSEPH ROUGÉ

Joseph Rougé, né à Beaune (Côte-d'Or), le 13 septembre 1879, était lieutenant au 134e régiment d'infanterie à Mâcon, lorsque, en 1913, il fut présenté à l'Académie, au titre de membre associé, par MM. Duréault et Lex.

D'un esprit distingué, cultivé et laborieux, il ne se contentait pas de remplir ses devoirs d'officier consciencieux et zélé, il occupait ses loisirs à d'intéressantes recherches historiques, aux archives départementales et dans des fonds particuliers. C'est ainsi, notamment, qu'il avait rédigé, pour les conférences de son régiment, des NOTES SUR LE PASSÉ MILITAIRE DE MACON et une ÉTUDE SUR LES COMBATS DE MACON EN 1814.

Prise en considération le 6 février 1913, sa candidature fut définitivement admise le 12 du même mois.

Dès la mobilisation, au début d'août 1914, il partit, avec son régiment, pour la frontière et prit une part brillante aux premiers combats de Lorraine. Promu, pour sa bravoure, capitaine, sur le champ de bataille, il fut tué, à la tête de sa compagnie, le 1er octobre, dans la forêt d'Apremont (Meuse).

Il laisse une jeune veuve et trois pauvres orphelins.

Il avait écrit, le 2 septembre, à M. le Secrétaire perpétuel pour lui annoncer avec douleur la perte de son charmant ami, lui aussi notre regretté confrère, le capitaine Dallemagne, tué le 31 août à Magnières (canton de Gerbeviller, Meurthe-et-Moselle). Ses lettres du front à sa famille sont débordantes d'ardeur patriotique et de foi religieuse.

« ... Je veux, dit-il, regarder en avant et en Haut : je me laisse emporter dans le magnifique élan qui anime toute la France, et, pour la France, j'ai fait d'avance le sacrifice de ma vie... »

« ... Sachez que je serai mort en chrétien, heureux suprêmement d'expirer pour ma patrie, et en paix avec Dieu... »

On sent, dans la beauté morale de toutes ses pages, l'abnégation héroïque et surnaturelle de cette jeunesse d'élite, de ces nouvelles générations d'admirables Français qui se sacrifient si chevaleresquement et si passionnément pour la France.

Lorsque, à la séance du 5 novembre 1914, sa mort fut annoncée à l'Académie, celle-ci, en la saluant avec émotion et gratitude, décida d'honorer la mémoire de ce jeune confrère si prématurément et si glorieusement disparu (hélas ! combien d'autres n'aurons-nous pas à pleurer !), en publiant, dans ses ANNALES, son ÉTUDE SUR LES COMBATS DE MACON EN 1814-1815.

A la vérité, cette *étude* n'est guère à la louange de notre ville, mais elle rend justice au mérite de Tournus, sa voisine ; elle est, somme toute, une page d'histoire locale, un petit morceau d'histoire nationale ; et, d'ailleurs, ici, comme partout, les héroïsmes de 1914 font oublier toutes les faiblesses, toutes les défaillances possibles de 1814.

A. D.

BIBLIOTHEQUE NATIONALE DE FRANCE

3 7531 04447563 1

www.ingramcontent.com/pod-product-compliance
Lightning Source LLC
Chambersburg PA
CBHW051726090426
42738CB00010B/2103